商务馆实用汉语师资培训教材

北京市教育委员会共建项目

国际汉语教师手册

新教师必备81问

主编　张宁志

商務印書館
创于1897 The Commercial Press

2017年·北京

编者（按音序排列）

储丹丹　冯惟钢　简　丽　蒋　荣
李先银　李小丽　李　萌　王有芬
翟　艳　张宁志　张文联　祖文彬

序 言

摆在我们面前的是一本前所未有的、独特的书，一本对年轻的国际汉语教师和志愿者特别有用的书。

随着汉语加快走向世界，我们的对外汉语教师和志愿者的队伍正迅速扩大，每年有数以千计的志愿者走向海外。尽管他们在走上新的岗位前都经过了科学的培训，但教学经验不是一两天积累的，工作中所需要的知识也难以在短期内备齐。张宁志教授主编的这本以“手册”形式出现、以回答具体问题的方式撰写的《国际汉语教师手册》，正是为了适应当前形势的需要，适应年轻的国际汉语教学工作者在新的工作岗位上的迫切需求而问世的、对外汉语教学的“必备书”。

这本书最大的特点是它的实用性。八十多个问题几乎涉及了一名新国际汉语教师最急需的知识的所有方面：其中有他们必须掌握的这门学科的最基本的概念；有他们必须用到的跨文化交际、教学设计、教学管理、教学技巧、师生互动等方方面面的问题。考虑到当前愈来愈多的教师和志愿者从事海外的汉语教学、特别是中小学汉语教学的实际，本书对海外汉语教育和少儿汉语教育给予了特别的重视，分列了专门的两部分探讨这方面的问题。尤其值得称道的是，本书还谈到了其他书中极少涉及的教师的仪容仪表问题，比如：什么是文明得体的教师举止？国际汉语教师可以化妆吗？我可以穿什么？应该怎么穿等，以及如何与不同文化背景的学生得体相处，比如：如何接受与拒绝学生的特殊邀请或请求？如何应对各种尴尬情况？老师跟学生一起去饭馆吃饭，谁付钱？该注意些什么？甚至如果学生爱上了你怎么办，等等。在我们提醒国人注意在海外的形象时，教师作为传播中国语言和文化的“师表”，更需要具有较高的文明和修养；更为重要的是，只有恰当地处理好这些问题，与学生建立起友好和谐的关系，才能顺利完成教学任务。

这本书的实用性还体现在它的写法上。上述涉及面很广的知识，没有采用系统的、严肃的“概论书”式的写法，而是非常具体、生动、活泼地用提出问题、解决问题的方法来写。读者在工作或生活中遇到了什么问题，就查什么问题并能马上找到答案。除了上面引用的有关仪容仪表生活方面的问题外，即使是专谈学科的基本概念、理论性很强的部分，也没有板起面孔来讲授，而是用这样的标题来引起话题：学习语言女生真的有性别优势吗？一直都在说“语言学习”，怎么又冒出来个“语言习得”？“偏误”是错误吗？“中介语”是什么？该不会就是“媒介语”吧？题目非常实际而亲切，文章读起来也就轻松而有趣。其实，这不仅是个写法问题，还关系到讨论问题的广度和深度。像下列问题，在一般的理论书中是很难如此深度地讨论到的：如何在短时间里让学生喜欢上你和你的课？如何对待不合作的学生？遇到反应慢的学生怎么办？怎样批评学生？为什么说开学后的最初两周很重要？如何在短时间内建立起和谐、轻松的课堂气氛？学生上课无故迟到、缺课，不做、不交作业怎么办？课堂提问怎么激发学生的学习兴趣，等等。毫无疑问，这些题目都是每一个新教师在教学中经常遇到的，也是特别感兴趣的。

可以说，读这本书就好像在孤独时跟一位知心朋友谈心，也好像在遇到困难时打开了一条“锦囊妙计”！无论是知心朋友的一席谈话，还是打开的“锦囊妙计”，都是出自有相当知识和经验的专家之口、之手，因此有很高的参考价值。另一方面，书中所提供的答案，也不能看成是唯一的。相信我们的读者们随着在工作和生活中不断地磨炼、体验和感悟不断的加深，必将给出自己的答案来。

而眼下，我认为这本手册是我们每个对外汉语教师书桌上必备的一本书。

刘珣

2011年新年于北京语言大学

目录

第一章 基本概念篇

第二章 仪容仪表篇

第三章 跨文化交际篇

第六章 教学管理篇

第七章 教学技巧篇

第八章　海外教学篇

第九章　少儿教学篇

第一章
基本概念篇

Q：1. 国际汉语教师应该具备怎样的知识结构？

A：“是中国人就能教汉语”这句话曾经一度十分流行，至今抱着这样的认识在“积极实践”的人还很不少。平心而论，这句话也不是全无道理——现在世界各国都在不同程度地闹“汉语教师荒”，不少在海外的中国人凭着一股热情和汉语的语感就走上了汉语教学的岗位。从这个角度来说，一个中国人就算没有汉语教学经验，没有受过汉语教师专业培训，也能“教教”汉语。

而学生只要有时间有兴趣，凭着自己的模仿能力和理解能力，一直努力地学下去，活到老学到老，铁杵也会磨成针。但问题是，现在人们这么忙，要学的东西那么多，学生不可能不考虑学习的效率，而要提高“学”的效率，首先要提高老师“教”的效率。从这个角度来说，并不是每一个中国人都能“教好”汉语的。可以说“教教”容易，“教好”难。

汉语教学是一门综合的学科，因此要想胜任汉语教学工作，首先教师要有一个合理的、符合汉语教学工作需要的知识结构（当然这个合理的知识结构也是逐步构建、完善的）。简单地说，汉语教师应该在语言学（包括社会语言学、文化语言学、心理语言学等）、心理学（包括教育心理学等）、教育学、文化学、跨文化交际学等方面具备相当的知识，要研究包括本体论、教学论、习得论和工具论等诸多方面的问题。

本体论是指有关汉语本身的研究，也就是研究“教什么”的学问。汉语教学就是把汉语作为第二语言或外语的教学活动，汉语教学与英语等其他语言的教学既有共性又有个性，汉语是一种在语音、语法等各方面都很具个性的语言，也是不少国家的学生公认的较难掌握的语言。作为汉语教师不仅要具备汉语的语感，还要了解汉语各个要素（语音、词汇和语法）及汉字的特点和规律。否则面对学生的提问时只能用“这是中国人说话的习惯”来搪塞。当然作为汉语教学的内容不仅仅是汉语知识，还包括中国的社会文化知识。

教学论是研究语言教学原则、方法和技巧的学问，也就是研究“怎么教”的学问。这方面的研究已经开展了几十年，已经积累了十分丰富的经验，有相当多的经验已经被总结并上升成为具有普遍指导意义的原则和方法。此外，我们要知道，人类教授语言不是从今天才开始的，在人类发展的漫长历史时期内，世界各国人民的交往从来没有中断过，对其他民族、国家语言的学习也一直没有停止过。由于人们语言交往的方式和对语言教学的要求会随着社会发展和交际需要的变化而不断变化，就产生了语言教学的各种不同的流派，这些教学流派往往都有自己独特的语言观、心理观和教学观，有着不同的理论基础、教学原则、教学程序和方法技巧。因此建构、发展汉语教学法理论要广泛汲取各种教学法流派中有益的营养，博采众长，为我所用。

习得论是研究有关学生的第二语言学习过程和结果的学问，也就是要弄清楚学生是怎样学会一种语言的。早期的第二语言习得论是教学法的附庸，是为提高教学质量服务的。20世纪70年代后成为一个独立的越来越受重视的学科。

工具论是研究用什么样的教学条件和工具来教授语言。过去传统的教学模式往往是利用一块黑板、几支粉笔、几张图片或照片、几件实物教具等进行面对面的授课。当今随着现代教育技术的发展，录音机、幻灯机、录像机特别是以电脑为核心的多媒体手段越来越多地运用到语言教学的课堂中来，甚至利用互联网进行远程教学也已经成为现实。

为了使大家能尽快地完善自己的知识结构，下面介绍一些有关的参考书：

1. 刘珣（2005）《对外汉语教育学科初探》，外语教学与研究出版社。
2. 刘珣（2007）《对外汉语教育学引论》，北京语言大学出版社。
3. 吕必松（1990）《对外汉语教学发展概要》，北京语言文化大学出版社。
4. 吕必松（2005）《语言教育与对外汉语教学》，外语教学与研究出版社。
5. 盛炎（1990）《语言教学原理》，重庆出版社。
6. 周小兵等（2009）《对外汉语教学导论》，商务印书馆。
7. 杨惠元（1996）《汉语听力说话教学法》，北京语言文化大学出版社。
8. 崔永华等（1997）《对外汉语课堂教学技巧》，北京语言文化大学出版社。
9. 吕文华（1994）《对外汉语教学语法探索》，语文出版社。
10. 王还（1995）《对外汉语教学语法大纲》，北京语言学院出版社。
11. 杨惠元（2007）《课堂教学理论与实践》，北京语言大学出版社。
12. 姜丽萍（2008）《对外汉语教学论》，北京语言大学出版社。
13. 周健（2009）《汉语课堂教学技巧325例》，商务印书馆。

（张宁志）

Q：2. 好老师应该具备哪些素质？

A：当个好老师，除了要有合理的知识结构和能力结构之外，还应该注意不断增加自己的教学经验，才能从“教学无法”成长为

"教学有法"，逐渐站稳讲台（不被学生赶下去），进一步站好讲台（赢得学生的尊敬和爱戴），最终成为教学专家，进入"教无定法"的"自由王国"。

那么，学生们喜欢什么样的老师呢？也就是，老师要具备哪些素质才能赢得学生的尊敬和爱戴呢？美国教学专家保罗•韦迪博士花费了近40年的时间，通过分析9万封学生的来信，总结出优秀教师的12种素质。这些内容虽然主要是美国学生的意见，但颇具普遍性，对我们很有启发和借鉴的意义。下面结合汉语教学简单地讨论一下它们的内容：

1. 友善的态度——没有哪个学生会喜欢不友善的老师。老师的善意对外国学生来说，尤为重要。试想一下，不少学生孤身一人来到中国，语言不通，举目无亲，很快就会遭遇到由于文化不适应而引起的种种问题——吃不惯、睡不香、上课听不懂，下课没朋友，孤独寂寞，迷茫无助。从某种意义上说老师是他唯一的"亲人"，尽可能地给他们一些帮助，雪中送炭，你一定能得到学生的信任和爱戴。相反，如果你去海外教汉语，你态度不友善的结果就更不美妙了——别忘了你是在别人的国家里，你是"弱势的一方"，你在当地生活、工作等各方面都需要学生的合作甚至帮助，学生要是讨厌你，你可有的烦恼了。

2. 尊重课堂中的每一个人——老师也是凡人，也有人性中的弱点。一般的老师总是会不自觉地喜欢聪明、勤奋、漂亮的学生，真正做到对学生一碗水端平不太容易。但我们要力求尊重每一个学生，不要因为学生来自欠发达国家、有些不同于我们的举止或学习成绩不好等原因而把他们打入另册。

3. 耐心——大多数成人学习语言本来就不容易成功，对多数国家学生说来，汉语又是一种比较难学的语言。不少国家的人们在形容某事很难时都会用类似"就像汉语那样难"这样的俗语，据说，美国人学西班牙语，要想达到能应付工作需要的程度要学500学时，而学汉语要达到同样的程度要学2400学时。所以相比于教本国的学生，在给外国学生上课时，老师要有更多的耐心，你的学生真的是听不懂你说的话，他们要想真正建立起汉语的语感要经过长时间的系统的训练。请慢点说！再重复一遍吧！

4．兴趣广泛——教汉语的老师不仅要兴趣广泛，知识丰富，最好还要多才多艺。这样你跟学生沟通的方式和渠道会比别人更多，要是你的学生都成了你的“粉丝”，那可太好了！

5．良好的仪表——要想获得学生的好感，良好的仪表是很重要的，这部分内容可以参阅本书的相关章节。

6．公正——公正是一般人都需要有的素质，更何况教师呢？

7．幽默感——语言教师是靠“嘴皮子”吃饭的，语言表达能力如何非常关键。语言学习是很艰苦的，特别是当汉语对你的学生没有什么实际用处时，甚至是很乏味的，因此活跃课堂气氛就显得很重要了，一个幽默的老师当然会更受学生的欢迎。但作为汉语教师，能真正发挥你的幽默天赋却不是那么容易的——你首先要让学生能听懂你的话。也就是要根据学生的汉语水平来发挥你的幽默，这就难了。

8．良好的品行——良好的品行是对每个人都应该有的要求，教师要为人师表，品行有问题，还是不要做老师了吧。

9．对个人的关注——当过老师的都知道，一个班里的学生的水平往往会是参差不齐的，老师一般是按中等学生的程度授课的。这样“吃不饱”的好学生和“吃不了”的差学生不免会照顾不到。另外，尽管同一个阶段水平大体一致的学生学习上会有共性，但个体的差异还是很大的，比如语言学习的能力（语言学能）——比如听辨音能力、发音能力、语言记忆能力等方面都明显存在差异。这就需要老师关注每一个学生。多注意他们的个性特点，针对他们的长处和不足，给予不同的帮助。有些老师为每个学生都建立学习档案，把他们学习中的各种情况都随时记录下加以分析和处理，这无疑是个很好的办法。

10．灵活性——与其他类型的教师相比较，汉语教师更需要具备灵活性。学生是从不同的国家来的，他们有着完全不同的文化背景和成长环境，也就不免会有不同的思维方式、价值标准、风俗习惯和行为方式。课堂中有时会因为种种这样的因素而突发一些令人不快的“事件”，教师要想尽快适应、影响自己的学生，较圆满地处理这些突发事件，灵活性是很重要的。

11．宽容——是学生就会有惰性，好学生也一样，学习活动也像其他活动一样有高潮有低谷。发现学生有逃课、上课发呆、不做作业、不预习不复习等“恶习”时，先别忙着动怒，不妨宽容一点——其实每个老师都有当学生的经历，你当学生的时候就没逃过课？打死我也不相信！对于学生的上述问题，教师最好先从自己身上找原因，比如学生逃课，往往是因为学生对老师的教学能力、方式、态度等不认可，甚至不喜欢老师的着装配饰、说话的音色都可能引起学生逃课的行为。学生年龄越小，越容易受情绪的影响。严格要求学生没错，但对自己的要求要更严格。

12．有方法——说来说去，老师要想不误人子弟，还是要“会教”。现代生活节奏明显加快，人们越来越忙，要学的东西很多，而学习的时间又很少，所以如何让学生事半功倍地学习是教师首先要思考的。教学是一门艺术，也是一门科学，教师要不断探索汉语教学的内在规律，不断积累教学经验，掌握更多的教学方法和技巧，才能真正提高教学效率，并获得学生的尊敬和爱戴。

（张宁志）

Q：3. 学习语言女生真的有性别优势吗？

A：有的汉语老师喜欢教女生多的班级，他们甚至希望全班的学生都是女生，理由是女生在学习语言时有性别优势，在汉语课堂中，班里听说水平比较差的往往是男生。那么，学习语言女生真的有性别优势吗？

首先这种说法是有一定道理的，也跟一般人的感觉和经验相符。不要说学习第二语言，就是在学习自己母语的过程中，女孩子也大多会表现出学习语言的天赋——女孩开始说话比男孩略早一些，到幼儿和小学生时期，女孩的说话能力一直略优于男孩。青少年男女相比，女生在听觉感受能力、口语表述清晰流畅以及词汇的丰富程度方面也均胜于男生。不过要想了解这个问题，还要从不同的层面来看。

1. 生理因素

据有关研究资料表明，女生大脑的语言控制区更大且更有优势——负责“说”的布罗卡区平均比男生大20%，而负责“听”的韦尼克区平均比男生大30%。[①]有些研究表明，女人大脑两侧半球都有语言控制区，因而具有语言学习的双脑优势。同时，女生的发音与受音器官比男生的发育与成熟要早，使得女生擅长于言语听觉和口语表述，所以她们言语表达能力与听觉感受能力均强于男生，她们的外语听说成绩一般比男生好。一般说来，外语学习者的天赋语言能力是造成外语学习成绩差异的主要因素。因此，了解男、女生在这些语言能力上的差异有助于预测一个语言学习者将会取得什么样的成绩。女生在外语语言能力上有着男生无法相比的优势。

① （德）扎比内·里特尔等，《男性和女性的差异》，上海三联书店，2000年。

2. 教育心理因素

首先是动机和态度，与男生相比，女生更偏爱学习语言，更喜欢从事与外语有关的工作。有人对600名学生（其中男女生各占一半）做过调查，结果发现：女生选择与外语直接或间接相关的职业占81%，而男生选择同种情况的比例为40%。可见，女生在学习外语方面的动机远比男生强烈，对外语本身也有比较浓厚的兴趣。因而与男生相比，女生在学习外语上更主动更努力自然不足为奇，这就难怪我们走进大学校园看到的更多的是女生在朗读外语和使用外语。

此外，外语学习的成效还有智力等因素的影响和制约。智力是指人的认知方面的能力，它是高度的观察力、注意力、记忆力、思维力和想象力的总和。

在外语学习中，特别是在发音的训练、对话的演示、上课时的听讲等方面需要较强的观察、注意和模仿能力。女生的观察力比男生更敏锐、细致和全面，上课时注意力比男生更集中与持久，语言模仿能力也比较强。

记忆力也是影响语言学习的最重要因素。外语学习与记忆有着非常密切的关系，这个学习过程也是一个与遗忘不断作斗争的过程——从语音、词汇到语法，从听说到读写，都需要记忆。没有高质量的记忆，就不能不断丰富外语知识和把外语知识转化为技能。“记忆在英语学习中非常重要，就某种意义而言，甚至可以说英语学习程序就是记忆程序。”①要学好英语就需要进行大量的记忆活动。通过大量的记忆训练活动，也能进一步加强女生的记忆水平，培养坚忍不拔的意志力。女生擅长形象记忆、情感记忆、运动记忆。女生对事物感知的绝对感受度较高，对感知过的事物的形象也较为清晰准确，形象记忆较为突出。还由于感知能力较好，对周围

① 胡春洞，《英语学习论》，广西教育出版社，1996年。

事物和外界刺激较为敏感，因此女生无意识记忆或机械记忆也优于男生。

最后女生由于做事有亲和力，乐于、善于与他人交往，注重别人的感受，因此，语言作为一种交际工具，女生也往往运用得更得心应手。再加之女生耐心细致，做事具有持久力，对文字阅读的兴趣比较浓厚，阅读速度快。所以她们的外语阅读成绩，特别是客观题部分的成绩，一般说来往往也好于男生。

（张宁志）

Q：4. 学习语言有关键期吗？学习外语是不是越早越好？

A：在人们的经验中，似乎有这样的看法：小孩子比成年人学习外语的能力更强。有人甚至说，过了一定的年龄就不可能学好外语了。这种认识似乎不只是我们中国人有，国外的人也懂得“学习外语要从娃娃抓起”——在很多国家，汉语学习者低龄化也成为当前世界汉语教学很明显的一个趋势。那么，学习外语是不是越早越好呢？

确实有这样的理论——人们学习语言有一个关键期，过了关键期，人们学习语言的能力会急剧下降，而1—12岁正是人们学习语言的关键期。在关键期内的学生，学习外语会更轻松、效果更好一些。

当然，也并不是所有的学者都赞同语言习得关键期的理论。有的人赞同这一理论，但他们提出的时间段却又各不相同，比如有人认为到不了12岁，只到6岁关键期就结束了。

尽管专家们对关键期理论的看法不一，但经验和研究都显示，对那些在成年以后才开始学习外语的人来说，只有很少的人能够取得较高的水平，熟练地掌握所学外语，而像掌握母语那样掌握外语往往是不可能的，这种现象被称之为“康拉德效应”——康拉德（1857—1924）是波兰裔的英国作家，他22岁正式接触英语，29岁入英国籍，后长期定居英国，成为伟大的英语作家，但他直到晚年，说英语时仍带有较浓重的波兰口音。其实这种现象并不少见，也出现在基辛格、奥尔布赖特等人身上。

如果学习外语的目的并不是要学得跟自己的母语一样好，只是为了掌握基本的交际能力，或者说孩子们的母语仍停留在初级水平，那么晚一点开始学习第二语言也许效果会好一些。通过对那些在学校中一周只有几个小时学习第二语言的学生的调查，那些较晚开始学习的学生（比如在10—12岁）能够迅速赶上那些较早开始学习的学生。我们的家长似乎不必太性急，没必要在孩子3、4岁时就请外语老师。

有的学者认为，年龄对外语学习的影响大致可分三种情况：

1．3岁至10岁。这些儿童大脑可塑性最强，在语言才能方面呈现差异，能掌握自然语音，口语可以非常地道，但容易和母语习惯相混淆。由于他们学习外语往往没有实用的意义，所以需要不断地巩固他们的学习兴趣。

2．11岁至16、17岁。这时青少年母语习惯已形成，所以学习外语时两种语言不会受到太多的相互干扰。在保持儿童时期语言学习优势的同时，长期记忆能力明显增强。理解语言和文化的能力也大大增强。

3．成人。成人的学习目的性明确，有强烈的实用型的学习动机，理解和联想能力较强，花时间少，所学东西相对较多，但往往没有足够的时间去专心致志地学习。

有关年龄对外语学习的影响的实验还在进行，是年龄小学外语好，还是年龄大好，这个问题还在继续争论。根据经验，我们可以说，年龄小的善于模仿，学外语语音、听说等方面要比年龄大的人学得快，学得好。年龄大的强于理解，学外语语法、写作等要比年龄小的学得好。不过无论如何争论，年龄对外语学习有影响，这一点毫无疑问，但这个影响不是像有些人想象的那么严重。

作为语言教师应根据不同的年龄采取不同的教学方法，使他们在有限的时间内收到理想的效果。

（张宁志）

Q：5.“第一语言、第二语言”和“母语、外语”一样吗？

A：刚开始接触国际汉语教学专业的老师，首先会遇到这两组基本概念——第一语言和第二语言，母语和外语。有很多人将它们混用而不做区分，但我们在研究有关语言学习的问题时，使用这些概念应尽可能准确，该用母语就用母语，该用第一语言就用第一语言，外语和第二语言也一样。以下可以帮助我们直观地理解这两组概念。

先看“第一语言——第二语言”，这组概念是从语言的习得顺序的角度来界定的，简单地说，第一语言是人们出生以后最先接触、学习和掌握的语言。第二语言是在第一语言之后接触、学习和使用的其他语言（我们不再区分第二、第三、第四语言，等等，是因为从学习的角度看，它们的基本性质相同），我们是按照语言学习的先后顺序来区分这两个概念的。而目的语则是人们正在学习，希望掌握的语言。

相比之下，“母语——外语”这组概念是从民族的角度来界定的。多数人的第一语言是母语，但也有人的第一语言不是母语，而是外语，比如，一对年轻的夫妇从中国移民到加拿大，他们的子女出生后，往往并没有首先学习掌握汉语（他们的母语）而是首先掌握了当地的语言——英语。这样他们第一语言不是母语——汉语，而是外语——英语。同理，多数人的第二语言是外语或别的民族的语言（非本民族），但也有相反的情况。

关于第二语言和外语，国外有一种观点很值得注意：以语言学习环境为标准来区分第二语言和外语，凡是在目的语环境中学习的目的语一般被称为第二语言，比如一个美国人来中国学习汉语；而不在目的语环境中学习的目的语，叫外语，比如这个美国人在美国学习汉语。由于这种区分强调了语言学习的大环境对教学的作用，所以还是很有道理的。

（张宁志）

Q：6. 什么是语言交际能力？

A：在语言教学领域中，“语言交际能力”是一个很重要的概念，培养学生的语言交际能力也是我们汉语教师教学的根本任务。那么语言交际能力到底指的是什么？它包含着哪些内容呢？

利特伍德(2000)在其著作《交际语言教学论》一书中指出交际能力包括四个方面的能力，即具有自然而灵活地传递信息的语言能力；能识别语言的形式和这些形式所能表达的交际功能；具备在各种场合有效地进行交际的技巧和策略；能意识到语言的社会交往含义。

大体上可以说，语言交际能力的内涵包括以下几个方面：

1. 语言能力

语言能力简单地说就是掌握语言知识的能力。就汉语学习来说，它涉及语音、词汇、语法、语义和汉字等各方面的知识，以及听、说、读、写技巧。具备语言能力能够在很大程度上满足语言表达的正确性。如果一个学生的表达中充满了语音、词汇、语法等错误，就不能说他具备了语言交际能力，因为语言交际能力应该是能够正确地传达信息，无论是口语的还是书面语的。同时语言表达除了正确之外，能流利地表达也很重要。

2．语用能力

语用能力又被称为社会语言学能力，是指语言使用者清楚语言形式和功能之间的关系；能正确使用重音和语调表达情感和态度；懂语体的使用；了解语用规则；能在不同的语境中，针对不同的话题和听者选用恰当的语言形式。美国社会语言学家海姆斯是交际能力这一概念最初的倡导者，他认为语用能力是指语言使用者应该知道何时该讲话、何时不该讲话；何时、何地应以何种方式与何人讲话。也就是说，语用能力是指为了成功地进行交际，语言使用者应该明白口头语和书面语都应该符合语言的社会环境。对语用能力的衡量是看他在各种语境中的表达是否得体。

例如，我们在问一个人的年龄时，会因对方的身份、地位、年龄等因素的不同而异。对老年人，应该问："您高寿啦？"对小孩子则问："你几岁啦？"而不是随意使用。

语用能力是语言交际能力中的一个重要组成部分。在语言教学中，如果教师只注重语言知识的讲解、输入，而忽略对学生进行语用能力的培养，那么学生即使掌握大量正确的词汇和句子，也有可能不能进行顺畅的交际。

3．话语能力

话语能力也可以说是语篇能力，也是一种成段表达能力，在汉语教学的过程中，我们常常能接触到这样的学生——他们已经读到了中级以上的班级。在说、写单个句子时，可以做到字正腔圆，语法正确，但说写一段话时，不免就会“露出马脚”。掌握话语能力是指语言使用者至少能使用语篇符号开始和结束谈话；在阅读和写作中懂得连接手段（包括显性的连接手段和隐性的连接手段）。话语能力也是语言交际能力中很重要的一部分，因为它不仅有助于语言学习者学习地道的口语表达方式，而且能帮助学习者进行有效的阅读和写作。

4. 策略能力

交际策略是一种重要的语言运用应变能力。它是指学习者在第二语言掌握有限的情况下，为同他人交际而采取的语言或非语言的补救策略，以弥补词汇和语法的贫乏，克服交际中的障碍。策略能力比较强的学生在使用口语和书面语进行交际时更勇于冒险，因而也能完成更多的交际任务。

具体的交际策略包括：

回避策略（遇到交际困难而采取回避不说或转换话题的方式）；

二语策略（遇到交际困难而运用描写等方式迂回表达或用外语进行解释）；

合作策略（遇到交际困难而运用语言和非语言等手段，如体态语向他人求助）；

拖延策略（遇到交际困难而用套话、重复等手段赢得说话时间）。

当学习者由于缺乏语言资源不能成功地进行表达时，这些策略能够派上用场来弥补语言资源的不足。

教师在教学中不仅要重视对语言形式和语言内容的训练，也要重视对交际策略的训练。因为交际策略能力不是可以由学生按照母语交际的习惯在交际过程中自然而然地形成的，而需要教师有意识地培养。要不断增强学生的策略意识，并能运用各种策略手段保证交际的顺利进行，从而形成较强的交际实践能力。

总之，语言交际能力不是一个简单的概念，它不仅仅指口语表达能力，也不仅仅指一个人的语言知识水平，它涉及语言与社会的关系、语言与心理的关系、使用语言的策略，等等。作为语言教师，只有全方位地理解语言交际能力，才能真正地培养学生的语言交际能力。

（张宁志）

Q：7. 迁移是什么？在语言学习过程中有哪些表现？

A：迁移是学习心理学领域中一个很重要的概念。简单地说，迁移是一种学习对另一种学习的影响。它广泛地存在于知识、技能、态度和行为规范的学习中。任何一种学习都要受到学习者已有知识经验、技能、态度等的影响，只要有学习，就会有迁移。学习与迁移不可分割。在语言教学领域，迁移常常指已经学得的经验对后来学习的影响。

已经学得的经验如果对后来的学习起到了积极的促进作用，这就叫“正迁移”；而已经学得的经验对后来的学习起到了消极的阻碍作用，叫“负迁移”。

在语言学习中，正迁移和负迁移的现象都是大量存在的。善于学习的人往往能尽量利用正迁移，极力避免负迁移。相传，当年梁启超东渡日本时，在轮船上仅用了七天七夜就能粗通日语（也有说用了一个月的）。当然有人考证说，梁先生只是能阅读日语，口语交际还有很大困难。梁先生后来还专门写了一本小册子——《和文汉读法》，介绍学习日语速成的方法。这本书影响很大，直到30年后，还有人推荐它。

不管梁启超先生当时用了多少天粗通日语，总之是比一般人要学得快，他一定是最大限度地利用了汉、日两种语言的相似点，进行了大量的正迁移的结果。

学习迁移的效果在一定程度上取决于学习材料之间的共同因素。由于材料之间存在着共同的因素，就会产生相同的反应，因而在学习中就会产生不同程度的迁移。例如，毛笔字写得好会对写好钢笔字产生迁移。中国人在看到日语语料时总觉得比较亲切、易懂一些，就是没学过，有时连蒙带猜也能看懂一点儿，反过来日本人看到汉语语料时的感觉也是这样，这都是因为汉字这个共同因素在起作用。

同时，既然是两种学习材料，它们之间除了具有共同因素之外，必然会有不同的因素。因此，两种材料的学习可能产生正迁移，也可能同时产生负迁移。有时在学习中还要注意：千万不能为表面的相似点所迷惑——有时看着相同的来源于汉语的词语在日语和汉语中竟有着全然不同的意思，不小心很容易造成负迁移。比如，中药“生地”在日语里是“布料”；汉语词“手纸”在日语中却是“书信”；“大夫”在日语里不是医生是艺人，“三大夫”不是三个艺人，竟是“管家”。韩国语中也有不少来源于汉语的词汇，但是意思却在使用的过程中有了不少改变，也是不能不防的。

为了促进学习迁移，防止干扰，在教学中教师应引导学生正确认识学习材料之间的共同因素，并通过比较认识它们之间的区别。

（张宁志）

Q：8. 人们在学习语言时一般有哪些动机？怎样激发学生的学习动机？

A：学生的学习是否有成效，主要取决于两个比较重要的因素：一是愿不愿学，二是会不会学。“愿不愿学”的问题就是学习动机的问题。至于“会不会学”则牵扯到学习策略和方法的问题，后面的章节将详细讲述。

学习外语的动机一般分为两种：工具型动机和融合型动机。

工具型动机是因为学习语言有用。抱有工具型动机的学生往往把外语看成达到某种实际目的的工具。比如继续学业、查阅资料、工作需要、通过某项考试等。

而融合型动机是因为觉得学习语言有趣。抱有融合型动机的学生往往是因为喜欢某种语言，继而喜欢说这种语言的人，为了跟说这种语言的人打交道，与这种语言所代表的文化有更多接触，甚至想融入说这种语言的社团，成为其中的一员而不满足于仅作为一个局外人。

那么，究竟抱有哪一种动机能使学习者取得更满意的学习效果呢？是工具型动机？还是融合型动机？这方面的研究结果有些莫衷一是：有些研究表明，持融合型动机的学生外语成绩更好；但另外一些研究则表明，持工具型动机的学生，外语成绩一样很好。

看来，这至少说明这两种类型的动机也不一定相互排斥，外语学习很少只涉及完全工具型的动机或完全融合型的动机，大多数场合是两种动机兼而有之吧。比如，一些留美的中国学生学英语，既是为了求学或学术目的，也是为了了解美国文化和人民，并融入其中。

学习动机，还可以分为内在动机和外在动机。内在动机是人们的内在需求和对学习本身的兴趣所引发的动机，比如，提高自身素质，满足求知欲和自尊心，出于对学习内容的兴趣爱好等，追求的目标是学习活动本身，一般比较持久；而外在动机是指人们受外部因素的影响而形成的动机，比如，获得优秀成绩考入名牌大学，受到老师和父母的表扬和奖励等，若外部的引诱消失，学习行为便很难保持。一般说来，内在动机比外在动机能更持久地推动学习行为。

有经验的教师总是不断地激发学生的学习动机。激发学生的学习动机有不同的途径和方法。一般可以分成这样两种方式——着眼于学生的内在因素和着眼于学生的外在因素。内在因素包括：需要、好奇心、求知欲、兴趣、自尊和自信等。而外在因素则包括：获得奖励、老师表扬和父母称赞等。下面我们从需要和奖励两个方面谈谈如何激发学生的动机。

需要是分层次的，需要的满足可以激发学生的学习动机；而需要的不满足往往会抑制学生的学习动机，比如：

1. 安全需要：老师的态度、教学的环境、同学之间的关系使每一个学生都感觉到有安全感时，学生容易激发出高水平的学习动机。

2. 情感需要：学生需要教师和同学的认同、友谊和关爱，被接受为集体的一员。

3. 自尊需要：学生需要支持、赞许、被注意和尊重。

4. 认知需要：学生有探索问题和解决问题的欲望，要给学生以机会和尊重。

5. 实现需要：学生要能体验到成功的喜悦，能有机会证实自己的能力，要能表现自己的价值。

奖励、表扬有助于动机的激发，教学中应该以表扬为主，别忘了好孩子都是夸出来的。对女生来说，表扬比批评更有效；对男生则是批评的作用更大一些。不同年龄的学生对表扬的态度也不同，儿童一般乐于接受正面的鼓励、表扬，一朵小红花都能激发起孩子们的学习热情；年龄稍大的学生则能区别表扬的真实性，廉价而不符合实际的表扬起不到激发学生动机的作用。随着年龄的增长，同伴的看法越来越重要。表扬对学习困难的学生作用最大，往往不亚于“雪中送炭”；表扬对优秀生的作用则比较小。

（张宁志）

Q：9. 一直都在说“语言学习”，怎么又冒出来个“语言习得”？

A：以前我们习惯说学习语言，语言学习。最近二十多年，“习得”这个说法越来越常见，在语言教学领域甚至有取代“学习”的势头。那么，这两个概念有差别吗？是不是只有时髦不时髦的差别？还是说“习得”显得更有学问？

其实，在语言教学领域，对“学习”与“习得”的认识也并不一致，有人认为这两个概念没有什么区别；有人认为“学习”是一个行为，“习得”是通过学习获得语言的过程，学习为了习得，习得是学习的结果；不过一般认为这二者还是有区别的，正视这些区别有助于了解语言学习的复杂性。

简单地说，“习得”是指儿童不自觉地自然地掌握母语的过程和方法。儿童是通过在与周围人的交际中大量接触语言掌握语言的，没有人专门教他，不会有意地训练他掌握什么句式，也没有人刻意地纠正他的错误（特别是语法错误），不注重语言形式而注重意义。儿童对语言规律的掌握是无意识的，习得过程是不自觉的，儿童意识不到自己是在学习、掌握某种语言，在他们习得语言的最后阶段才逐渐过渡到自觉。因此我们常说第一语言习得，儿童母语的习得。

“学习”则是指在学校环境中，在课堂里，一般是成人有意识地掌握第二语言的过程和方式。在这样的环境中，老师、教材是必不可少的，甚至还有教学大纲。在学习过程中，师生都很注重语言形式，语法教学是其中的重要组成部分，除了高级阶段外，整个学习过程都是高度自觉的，学生很清楚每天的学习过程，学习到高级程度的学生才开始进入不自觉的阶段。因此我们常说（成人）第二语言学习。

当然成人学习第二语言的情况要复杂得多——成人一方面在课堂上跟着老师“学习”语言。同时在课外也可以通过与人交际“习得”语言，因此有些学者提出，成人在语言学习的初级阶段主要是在教室中学习语言；在中级阶段，课堂上的学习与生活中的习得兼而有之；而到了学习的高级阶段，则主要是以交际中的习得为主，这样的表述是比较全面的。

人们之所以要对“学习”和“习得”做这样的区分，是因为成人学习第二语言和儿童习得母语时，虽然也有相似的方面，但更有显著的不同。

首先在年龄上，习得母语的儿童一般年龄都很小，一般都处于语言习得的关键期，所以能比较轻松地习得母语，成功率极高；而学习第二语言的一般是成人，已经过了语言习得的关键期，控制语言的左半脑已经固定，接受新的变化相对比较困难，大脑的这种变化使成人倾向于过分依赖分析能力和过于注重课堂中的学习，这与儿童无意识和自发地习得形成鲜明的对照，因此第二语言学习往往难以获得与母语习得者同样的成功。

从认知的角度看，儿童语言能力的发展和概念的形成是同时进行的，而成人学习第二语言时，往往已经掌握了基本的概念。从这个意义上说，成人的负担应该比儿童要轻得多，在很多情况下，成人只需要学会表达某一已知概念的词语就行了。但这并不是说成人在学习第二语言时就不需要学习新的概念了。不同语言之间会存在很多细微差异，成人在学习中也要不断调整和修改一些已知的概念，这也会给成人的第二语言学习带来困难。

从情感因素来看，成人与儿童对语言学习的态度有很大的不同。儿童年纪小，思想不成熟，对语言不抱任何偏见。成人则大不一样，其阅历使其对目的语国家的文化等已经有了相当的了解，对目的语国家和人民的态度不可避免地会影响到对其语言的态度，而态度是影响第二语言学习成败的重要因素之一。

从学习的方式来看，儿童习得母语时关注的是语言的功能和意义，习得语言是为了用母语做事，是为了与他人交际以满足自身的需要。成人则往往是在老师的指导下，有意识地使用语言材料（教材）来学习第二语言，成人比较关注语言形式（特别是语法）。效果当然不会一样。

最后，儿童和成人学习的环境也有很大的不同。儿童基本是在母语的海洋中“泡”大的，接触母语的机会很多。成人则是在有限的教学时间内在课堂中学习，语言输入的量非常有限，又往往是学了忘，忘了学，反反复复，费劲费时不少，效果却很不理想。

因此我们应该把成人的学习和习得有效地结合起来，既要发挥课堂教学的长处，又要发挥课外习得的长处，还要尽力避免二者的短处，这样才能使学习事半功倍。

（张宁志）

Q：10. “中介语”是什么？该不会就是“媒介语”吧？

A：首先，媒介语跟“中介语”不是一回事。假如一个中国老师给十几个韩国学生上汉语课，老师说汉语学生听不懂，学生说韩语老师听不懂，在这种“鸡同鸭讲”的尴尬时刻，如果老师和学生都懂一些英语，英语就成了这位老师和这些学生沟通的“媒介语”。而“中介语”是第二语言习得理论中非常重要的一个概念。它又被称作“中间语”或“过渡语”。

人们在学习外语时总是不免要犯错误。有些学者告诉我们，这是因为有中介语系统的存在。中介语就是对人们从开始学习外语到完全掌握该外语这一过程的概括。在这个过程中，学生所表达出来的既不是自己的母语（虽然母语的影响随处可见），又不完全等于所学的语言（完全掌握一门外语对绝大多数人来说，是可望而不可即的），而是处于中间状态的一种语言系统。大致可以用下面的图来示意：

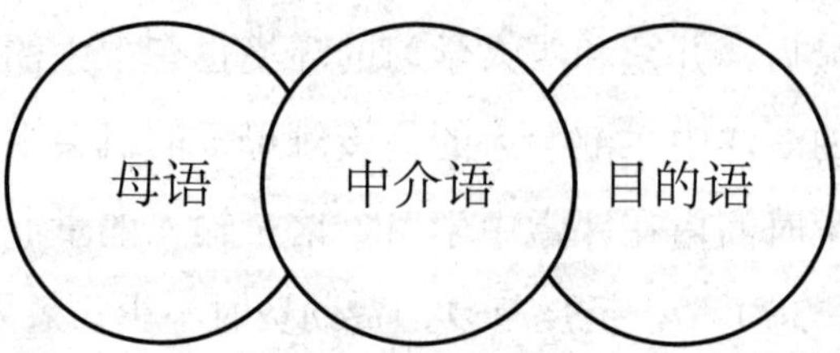

中介语有以下几个特点：

1. 中介语是第二语言学习者在学习过程中所掌握和使用的一种特定的目的语系统。它在语音、词汇、语法和文化上都有所表现，也就是说学生的表达在这几个方面都存在问题——洋腔洋调，用词不当，语法有误，文化杂糅等。但中介语具有人类语言所有的一般特征和功能，学习者能运用这套规则系统去生成他们没有接触过的话语，即学生可以说出老师没教过甚至从没听过的句子。中介语往往可以作为人们交际的工具，磕磕巴巴、错误百出的表达也比一句都不会说要强得多吧。

2. 中介语是不断变化的，随着学习水平的提高和交际需要的增加而不断变化，由简单到复杂，由低级到高级，逐渐离开母语向目的语靠拢，最终与目的语几乎重合——说得跟目的语国家的人一样好，当然学生把一种语言学得像本族人一样好是很难的，这样的人很少。

3. 中介语的存在是偏误产生的根源，“常在河边走肯定鞋会湿”。语言学习是一个创造性的过程，学生不是被动地记住老师教给他们的词语和句子，而是利用母语和所掌握的目的语创造性地使用目的语，其中少不了尝试的成分，出现偏误总是难免的。要完全掌握目的语就要不断促使自己的中介语向目的语靠拢，但中介语不都是错误的，也有正确的部分。老师一方面要了解学生的问题，知道学生错在哪里，为什么错，又要了解学生学会了哪些东西，及时给予肯定。

4. 中介语的偏误有反复性，不是一条直线地向目的语靠拢，而是有曲折的；纠正了的错误，可能有规律地再现。这一特点告诉我们，对待学生的偏误要耐心一些。

5. 中介语的偏误有顽固性。语言中的某一部分停滞不前，不再发展了，产生“僵化”或“化石化”现象，即有些偏误永远改不掉了，特别是语音方面，有些学生学习汉语已经到了高级阶段了，但他的口语中有些发音和声调仍然有明显的毛病。造成这种现象的原因是多方面的。因此对学生的偏误不能听之任之，赵元任先生曾经这样告诫过我们：一失音成千古恨！不能仅仅要求学生的语音“过得去”，而应该要求他们尽量“过得硬”，只有要求学生过得硬，他们的语音才有可能过得去——取法乎上而得乎中嘛！

（张宁志）

Q：11. 什么是"偏误"？它是错误吗？

A：不管哪个学生在学习外语时总不免要犯错误，就像人们每天吃五谷杂粮总是免不了会得病一样，学习外语不犯错其实是不可想象的。

不同的老师对待学生错误的态度是不相同的。

有的老师认为，只要老师正确示范，输入给学生的语言材料都是正确的，并注意时时纠错，学生努力模仿，不断重复练习，巩固记忆，形成正确的习惯就可以不犯错误，至少可以少犯错误；而另外一些老师认为，学生在运用所学语言表达时有错误是正常现象，无论老师和学生怎样努力，错误也是难免的，对错误不需要大惊小怪，也不必见错就纠，见错就纠很容易压制学生表达的积极性，而应该对学生的错误适当分类，具体分析，对影响交际的错误要纠，不影响交际的错误可以不纠。

更多的人赞成对学生的错误要多做分析，区别对待，因此就有了"错误"、"偏误"和"失误"这几个概念。

首先"错误"是对学生所犯语病的统称。它出现的历史最长，运用最广泛，只是在最近二十多年在语言教学领域中有逐渐被"偏误"取代的倾向。

"错误"可以简单地分为"失误"和"偏误"两大类。

"失误"指的是学生在表达时所犯的那些偶然出现的、没有规律的错误。其实不仅仅是人们在用所学的外语表达时会有失误，就是人们用自己的母语表达时也会有失误，比如，交通台的主持人偶尔不小心会把北京的地名"熊猫环岛"说成"环猫熊岛"；小学老师会因为校长突然来听课，一紧张，把"主、主，毛主席的主"，说成"主、主，毛主席的席"。我们不能因为主持人和老师犯了这么“低级”的错误，就怀疑他们的汉语有问题，因为这样的错误并不反映他们语言的真实水平，所以也就没有必要对这样的错误抓住不放，大加分析。

而“偏误”指的是学生在表达时所犯的那些不是偶然出现的、有规律的错误。甚至可以说有些错误是学生在某个学习阶段中必然出现的，这些错误真实地反映出学生的语言水平，所以要注意收集、分析这些“偏误”而不是“失误”，找出发生“偏误”的原因，帮助学生更好地掌握所学的语言（目的语）。

那么学生学习外语时为什么会有“偏误”呢？也就是说，这些“偏误”的来源有哪些呢？一般说来，学生的“偏误”有以下几个来源：

1．母语或其他学过的语言的影响，也称为语际负迁移。比如，英语国家的学生学汉语，发现“胖”和“肥”在英语里的意思都可以是“fat”，而说出“这只鸡很胖。”这样的句子。语际负迁移在语音的学习过程中表现得更加明显。

2．在外语学习过程中先学的某些规则的泛化，也称为目的语知识负迁移。比如外国学生学过了汉语的某些动词可以重叠，表示动作时间短并有尝试的意味，便想当然地以为一般的汉语动词都可以重叠，说出：“这星期我在在北京，下星期回国。”

3．文化因素的负迁移。例如，外国学生不了解中国的文化，错用本国文化套中国的情况，只用姓招呼中国人：“张！你好！”或误以为中国人的姓名也像有些国家一样——名在前，姓在后，称呼中国人“李文”为“文先生”。

4．交际策略的影响。我们知道，交际策略是人们在交际中由于语言能力不够而采取的各种替代、补偿性的方式。既然是“代用品”就不一定很完美，在一定条件下甚至会很不完美。比如“套用模式”这种交际策略，有些外国学生把书上的课文囫囵吞枣背下来就去跟中国人交际，例如课文是：

A：你好！

B：你好！

A：你身体怎么样？

B：我很好，谢谢！你呢？

A：我也很好，谢谢！

偏偏对方最近身体不太好，他们的对话就变成了这样：

A：你好！

B：你好！

A：你身体怎么样？

B：不怎么样。

A：我也很好，谢谢！

再比如，学生因为没掌握好而回避“把”字句，常常用一般动词谓语句代替，但有时遇到必须用“把”字句时，这种替代就会出毛病：“你能翻译这篇课文成英语吗？”

5．教学中各种因素的影响。有时由于老师在教学中不准确的讲解或对某些问题的忽视也会造成学生的偏误，所以学生的偏误不都是学生的责任。比如，学生课间给老师提意见：“老师，你很快地说，我们不听懂！”在这个句子中有两个问题——“不听懂”，是因为学生没掌握好补语；而“你很快地说”在形式上虽然没有什么毛病，但听起来也很别扭，要是说“你说得太快”就合适了，这样的偏误不是语法的问题，而是篇章和语用的问题，这类问题也正是老师在课堂讲解中比较容易忽视的问题。

当然，因为老师说汉语不标准，有方言味道，当然他的学生也会有样学样，出现语音偏误也就不足为怪了。

（张宁志）

第二章 仪容仪表篇

Q：12. 在学生眼里，我是一个仪表整洁的老师吗？

A：仪表整洁是所有教师最基本的行为规范之一。作为面向世界的国际汉语教师，仪表整洁更是因为关乎"中国形象"而具有非常重要的意义。可什么才是学生眼里的"仪表整洁"呢？一身干净的衣服？一口洁白的牙齿？一尘不染的皮鞋？……这些就够了吗？

先说一个小小的事例。有一次班级活动，几位外国学生聊天说"有的饭馆不太干净，有的地方不太干净，有的人也不太干净。"我于是问什么人"不干净"，他们举例子说年级里的某位老师就"不干净"。那是一位年轻老师，为人很好，教学也很好，并没有什么道德问题。我想学生们大概是刚刚学了"干净"这个词，又不知道"干净"用于人的时候有另外的意思，所以闹了笑话。明白之后，我又不免感到有些奇怪，因为这位老师平时虽然着装不太考究，但也绝不是邋里邋遢，为什么会给学生"不干净"的印象呢？后来，学生们陆续说出了这位老师在他们眼中仪表不够整洁之处，比如：头发上有头皮屑，裤子上有线头，鼻毛没有修剪，等等。这些细节，我作为他的同事几乎都没有关注过；没想到学生们却看得清清楚楚，在他们眼里，这位老师的个人形象已经大打折扣了。

仪表是否整洁体现在许多生活细节中，而这些细节又往往容易被忽略。比如：我们知道要每天洗头，但如果是头一天晚上睡前洗的，第二天早上就要格外注意头发有没有压乱或翘起；我们知道要梳理头发，但梳理之后还要注意检查有没有头皮屑落下或断发粘在衣服上；我们知道要勤洗手洗脸，但是洗完之后还要看一看指甲缝里还有没有残留的污垢……老师的个人形象深受这些琐碎细节的影响。

下面我们列举出仪表整洁度方面容易被忽略的细节，从头到脚一共20条。新教师上讲台之前不妨逐条对照，自我检查一番，看看自己在学生眼中究竟是不是一位仪表整洁的老师。

头面：

1. 头发是否每天清洗并且梳理整齐？发型有没有被风吹乱或者被帽子压得变形了？

2. 外出归来，头发和面部有没有灰尘？是否有风尘仆仆的倦容？

3. 流泪流汗之后有没有及时擦拭或洗脸？有没有残留的泪痕、汗渍？

4. 眼角、鼻孔、耳孔的分泌物是否清洁干净了？

5. 口腔是否清洁？有没有异味，牙缝里有没有食物残渣？

6. 胡须有没有剃干净？（除特殊宗教信仰与风俗习惯之外，男教师一般不蓄须。）鼻毛有没有“出格”？

7. 妆容是否保持得当？彩妆有没有因为出汗等原因变花？

8. 眼镜是否擦拭干净？镜片上有没有污损？

颈肩：

9. 脖子是否注意清洁了？有没有汗渍、污渍？

10. 衣领是否洁净、挺括？

11. 肩头有没有头皮屑、粉笔灰？

12. 腋下有没有汗渍、污渍？有没有不慎外露的腋毛？

衣裤鞋袜：

13. 衣裤上有没有外露的线头？

14. 用餐之后，衣裤上有没有残留的汤渍油渍？有没有异味？（尤其是吃火锅或烧烤之后）

15. 有没有脱落的扣子？拉链是否都完好？

16. 鞋面、鞋帮有没有泥土灰尘？

17. 袜子是否干净、有无异味？长筒丝袜上是否有破洞或污渍？

其他：

18. 手指甲是否及时修剪？甲缝里有没有污渍？

19. 女性夏天穿凉鞋时，脚部和腿部裸露的皮肤上有没有蹭脏？

20. 随身物品，例如手袋、手机是否清洁？

如果每次走上讲台之前，我们都能对以上20个问题给自己满意的回答，那么，我们在学生眼中，也会是一位仪表整洁的老师。

（储丹丹）

Q：13. 作为国际汉语老师，我可以穿什么？应该怎么穿？

A：有位年轻的女老师，一天早上来到课堂，发现几位学生一会儿看着她笑，一会儿交头接耳，觉得很奇怪。直到一个平日爱开玩笑的学生问她“老师昨天晚上没回家吧？”她才明白过来，原来自己疏忽了换衣服这件事，从头到脚都穿着昨天穿过的那一身来上班，所以给学生留下了“夜不归宿”的印象。这个例子说明：作为国际汉语教师，着装是非常值得重视的。面对一双双来自异域的眼睛，我们不仅仅要考虑穿得“美不美”，更要关注穿得“对不对”。端庄大方、安全得体的着装对于国际汉语教育工作有着异乎寻常的重要性。

首先，说说什么是“端庄大方”，穿什么样的衣服才是“端庄大方”。原则上，教师在教学时间应当穿正装，也就是男教师穿衬衫、西装或中山装；女教师穿套装或套裙。而在非教学时间里，教师可以穿休闲装，但也不能过于随意。

随着教师素质的提高，现在不修边幅、衣冠不整的老师已经很少见了。老师们也都知道背心、短裤、拖鞋、吊带衫、热裤、迷你裙等是绝不能登上讲台的。但是如何把握“端庄度”却是许多新教师关心的问题。曾经有一位女老师，穿着一身没有任何装饰的黑色西装套裙，来到她刚刚接手的班级上口语课。别的老师都说这是个很活跃的班级，可她却感到这第一节课上得有些吃力，学生开口少，课堂气氛也调动不起来。想必是这位老师的着装给学生带来的第一印象过于严肃、刻板，学生觉得她难以接近，因而感到拘谨甚至紧张。“端庄”并不等于“保守、刻板”。语言课，尤其是口语课非常注重师生的互动交流，老师应当营造一种轻松活泼的氛围，服装的样式、颜色也不宜太过死板，适当的时候，胸花或丝巾都是很好的点缀。另外，为了便于开展课堂活动，服装不能过于紧身，要灵活舒适，这样在指挥学生做游戏、使用身势语辅助教学或是写板书等需要较大幅度动作的时候才能避免尴尬。想一想，在自己手舞足蹈地上课时，扣子崩掉或是拉链崩开，是个什么情形？

教师着装的颜色选择可以多样，但应当遵守“三色原则”，也就是：全身上下的衣着，不要超过三种颜色。此外，男教师还要遵守“三一定律”，也就是：鞋子、皮带和公文包这三者要颜色一致。否则就会让人感觉杂乱无章、有失端庄。

此外，还有一些穿正装时容易忽略的礼仪规范值得一提，下面针对男教师和女教师分别进行列举。

男教师：

1. 衬衫不打领带时要松开领扣，打领带时则一定要扣上。领带夹不宜外露。

2. 衬衫袖子不宜卷起，下摆应束在裤腰里。

3. 穿西装时，要拆去商标，不得使商标外露。

4. 衬衫的口袋、西装外部的口袋、西裤后侧的口袋，最好不放任何东西。

5. 西装应配皮鞋，切勿穿白色或其他浅色袜子。

女教师：

1. 套裙里面的衬衣下摆要塞进腰里，不能外露。

2. 穿裙装或裤装时，袜口不能露在裙边外或裤脚外。

3. 服装面料不能过于轻薄，切忌透出内衣、内裤的轮廓或颜色。

4. 套裙应配丝袜。腿粗可选深色丝袜，腿细可选浅色丝袜；腿上如有疤痕或较重的汗毛，丝袜要选能遮盖住的颜色。

下面要说说着装“安全得体”的问题。由于每天要面对来自世界各地的学生，国际汉语教师在着装方面就有一些特别的禁忌，如果不慎触碰到这些“雷区”，那可就要“雷倒国际友人”、贻笑大方了。

“假名牌”就是需要国际汉语教师们格外注意的一大“雷区”。市场上假名牌很多，但我们做的是涉外工作，就要有知识产权意识，不仅在课堂上，课后便装也要避免穿着假名牌。曾经有一位很受学生欢迎的年轻老师，课后常常穿着新潮的“名牌”运动服在学校里打球。一天课后，有位学生拉住他问：“老师你昨天打球穿的衣服是在哪里买的？可不可以告诉我？”老师一听很高兴，可学生接着说："我的国家没有假名牌，我听说中国有，我也想买一些便宜的假名牌。"老师非常尴尬。

除了品牌之外，我们还要对自己服装上的文字和纹饰慎重选择。演艺圈、体育界曾经出过不少误穿"军旗装""脏话裤子""夜店T恤"的闹剧，我们国际汉语教师是要引以为戒的。一件衣服，在家里的穿衣镜前，只有一双眼睛审视它；而穿在身上走出家门，特别是走上讲台，就要面对来自世界各地的无数双眼睛。衣服上的外文在不了解它的人眼里也许只是无足轻重的装饰，但在熟悉这种文字的学生眼里，它也许就是意义不雅的词句。还有那些印在T恤上充满异域风情的图案、标识，到底是代表什么，有没有民族、宗教的禁忌，这些都需要仔细考虑。所以，穿上一件新衣服之前，我们先要问一问自己：我了解自己身上这件衣服吗？衣服上的文字我都认识吗？衣服上的LOGO我熟悉吗？衣服上的图案有没有什么特别的含义？如果自己回答不了这些问题，那么还是换一件更加"安全"的衣服吧！

最后，关于国际汉语教师"穿什么"和"怎么穿"的问题，归结起来四句话：

端庄大方不刻板，
安全得体最重要，
不明图文要慎重，
尽量远离假名牌。

（储丹丹）

Q：14. 国际汉语教师可以化妆吗？

A：20世纪八九十年代以前，除了演员之外，化妆在中国并不是一件常见的事，教师更被认为是不宜化妆的职业。而今，化妆已经成为人们日常生活的一部分，并被看做是对自己和他人的尊重。国际汉语教师也应当了解化妆礼仪，以国际化的优雅妆容面对来自世界各地的学生。

化什么样的妆要视时间、场合而定。参加晚间娱乐活动，妆容可以浓艳醒目；而白天进行教学活动，妆容应该自然淡雅。如果不顾场合，化妆不当，非但不能美化形象，还要闹出笑话。有位老师，中午出去赴宴，下午带着个大浓妆来上课，结果招致其他班的学生猜测"他们班是不是今天有演出？"，传为笑谈。

对于教师来说，化妆是为了修饰容颜，而不是为了引人注意，因此教师应当淡妆上岗。淡妆重在自然，要使妆容犹如天成，避免过多修饰痕迹，正所谓"清水出芙蓉，天然去雕饰"。下面列举一些淡妆技巧：

1. 施粉要薄，要贴近自然肤色。如果本身皮肤较黑，却粉饰出一张大白脸，跟脖子和其他裸露部位形成鲜明色差是很可笑的。施粉时不能只顾"中央"、忽视"边疆"，耳际、下巴、脖颈都要兼顾，均匀施粉。油性皮肤的人容易毛孔粗大，可选用清淡控油的粉底；干性皮肤的人容易有细小皱纹，可选择保湿遮瑕的粉底；皱纹较深的人不宜扑干粉，可选用液态的妆粉。

2. 眼妆要淡，但要能掩盖黑眼圈、修饰眼袋。眼影色彩要温暖柔和，宜跟腮红、唇彩同一色系。浓重的烟熏状的眼影或是蓝绿等冷峻色彩的眼影不适合教师。睫毛膏和眼线使用要谨慎，防止由于出汗流泪等原因形成"熊猫眼"。

3. 唇彩要柔和，要与腮红、眼影色彩协调。比唇彩更重要的是唇部保养，应注意保湿防裂。比起厚厚的唇膏伴着干裂暴皮，无色润唇膏修饰的健康双唇无疑更加美观。再加一点淡雅的珠光唇彩，唇妆便足矣。

4. 整体妆容淡雅和谐。不要涂彩色指甲，不要文身，香水仅限手腕、耳垂等处微量使用，不可大范围喷洒。

这样，画出的淡妆可以修饰面容、提升气质，又不会显得肤浅、太过招摇。另外，教师化妆还有三大忌，需要特别注意避免：

一忌当众化妆。化妆是个人私事，应该在无人在场的时候悄悄进行。在公共场所化妆相当于把“幕后工作”转到台前来，“当众表演”是非常不礼貌的。有的老师很“注意”自己的妆容，一旦发现妆容不够完美，课间休息时就在教室里拿出化妆包来补妆。这种做法会让学生觉得老师在搔首弄姿，给人以“不自尊”和“缺乏教养”的印象。不论是化妆还是补妆，都要在更衣室、洗手间等私密场所来进行，而且最好是“不露痕迹”，适度美化。

二忌残妆示人。常常化妆的人都知道，精心化妆之后，并不是一天都高枕无忧，妆容常常会脱落走样。因此老师们应该时常检查自己的妆容，特别是出汗、流泪、用餐、更衣等之后。出汗可能造成粉底、腮红斑驳；流泪可能造成眼线、睫毛膏晕开；用餐可能造成唇彩脱落；更衣可能造成发型蓬乱、彩妆蹭花。如果发现妆容残缺，要及时去私密的地方补妆，保持妆容完好。

三忌频频变妆。作为一个汉语教师基本上工作的场所是固定的——每天在固定的办公室上班，在固定的教室上课，接触固定的同事和学生，化妆在一季中应该保持比较固定的风格，而不宜经常改变妆型。经常变化妆型会给人以好变、不稳定、不安心的印象。而教师一般要给人以稳重和可靠的感觉。

四忌夸张离奇。教师的化妆不能追求“新、奇、特”，而应当淡雅清新。如果一个老师把所有学生的注意力都吸引到她的妆容上而不是授课内容上，她怎么能算是一个合格的老师呢？一位演员可以大胆尝试各种新奇装扮，观众可以根据自己的喜好选择看或不看她的演出。但老师不同，老师是有“固定观众”的，老师的形象是必须要学生接受的，妆容要符合工作对象的审美，不能夸张离奇。

赴海外教学的老师有时需要参加一些比较正式、重要的活动，比如宴会等，这时，化妆就需要更精细一些。特别是临时接到活动的通知，事到临头，为避免手足无措的状况，平时可以积累一些化妆方面的小窍门，例如：

1．去除发丝上的烟味

上班时，办公室里抽烟的同事可能在你身上，特别是头发上留下淡淡的烟臭味，应该先清除掉，否则喷再多的香水、发胶也是多此一举。因为焦油气味与精油混杂在一起产生不了好效果，甚至会混合出更令人作呕的味道来。

方法：平时在办公室里准备一条小毛巾，先用湿毛巾擦拭头发，尽可能消除原有的烟草味等异味。薰衣草精油等以1∶40或1∶50的比例混合矿泉水喷洒在头发上，既可使头发芳香，又可滋润发丝，喷在木制的梳子上梳头，效果更佳。

2．甩掉黑眼圈

赴宴前1小时突然发现黑眼圈怎么也消不掉，怎么办？如果只寄希望于用厚厚的粉底来遮掩，有时恐怕适得其反，因为通常伴随黑眼圈而来的现象就是眼周皮肤变得干燥缺水，所以厚厚的一层粉底只能遮掩半小时，随后就会在眼睛四周出现斑驳龟裂的痕迹，暴露你的疲态，也有损于你的容貌。

方法：将一块小手巾浸泡在热水中，使用前先用手臂试一下温度，以不太烫为宜，闭上眼睛，将小手巾放在眼睛上熏蒸20—30分钟，眼部疲劳可获得明显舒缓，可以在一定程度上甩掉黑眼圈。平时使用，也可改善眼部血液循环。

除了上述化妆技巧和禁忌之外，还有一点至关重要，值得新教师们牢记，就是：最美的妆容莫过于和蔼的微笑。

（储丹丹）

Q：15. 我们如何佩戴首饰和配饰？

A：有一位年轻女老师，刚工作不久就被学生起了一个绰号，叫“圣诞树老师”，原因是这位女老师热衷于佩戴首饰，尤其是挂饰。她常常脖子上戴着复杂的项链，手腕上戴着质地不一的手镯、手链，耳朵上坠着耳环，衣服上、鞋上、皮包上还挂着各种装饰链和挂坠，就连手机上也挂满了小物件，看得人眼花缭乱。还有一位男老师被学生称作“编钟老师”，原因是他喜欢在皮带上挂很多东西，比如钥匙、手机等，走路都叮当作响。

虽然学生给老师起绰号是一件令人不快的事，但这些绰号的确反映了学生们对老师的印象，也暴露出这两位老师在仪容仪表方面的不足。

首饰和饰物，如果佩戴得体，可以大大提升气质，起到锦上添花的作用；可如果佩戴不当，就会适得其反，像“圣诞树老师”和“编钟老师”一样令人大跌眼镜。新教师，尤其是国际汉语教师应当了解首饰、配饰的佩戴方法和禁忌，为自己选择既好看又得体的首饰、配饰。

女教师可以选择的首饰包括：戒指、项链、耳环、手镯或手链，但不要同时佩戴两件以上首饰。而对男性来说，配饰比首饰更能彰显气质，因此除了结婚戒指之外，男教师不要佩戴其他首饰。

女教师可以选用的配饰包括：腰带、发饰、胸花、丝巾、手提包等；男教师可以选用的配饰包括：眼镜、手表、领带、皮带、公文包等。下面分别谈一谈如何佩戴常见的首饰和配饰。

一、首饰

1. 戒指传递信息，不可多戴、乱戴。对于不同国家和民族的人，戒指的不同戴法所传递的信息也会有所差异。按照一般西方的传统，戒指戴在左手上表示婚姻状况，戴在食指表示单身求偶，戴在中指表示订婚或热恋，戴在无名指表示已婚，戴在小指表示离婚或独身。不论男女，除了结婚戒指之外，国际汉语教师不要再佩戴更多戒指，更不可将戒指随意乱戴，以免传递错误信息，造成误会。

2. 男教师不提倡戴项链，女教师可以戴，但项链款式不宜繁复。脖子长的女性可以选择贴颈短链，而脖子短的女性可以选择细长或带坠的项链，但链坠的选择一定要谨慎。如生肖“猪”、“蛇”、“羊”等在一些国家是禁忌动物，国际汉语教师佩戴这样的生肖挂坠就有可能触犯学生的民族禁忌，导致误会。此外，带有宗教、政治符号的挂坠也不能随意佩戴，例如十字标志、星月标志、带有耶稣受难像的十字架，等等。

3. 男教师不提倡戴耳环，女教师可以戴，但款式要简洁。不能同时戴两种或两种以上的耳环，也不能只在一只耳朵上戴耳环。

二、配饰

1. 不论男女，在室内都不能戴帽子（军人除外），也不能戴墨镜（有眼疾除外）。上课时不能戴手套。

2. 女教师的手提包、手机、帽子、鞋子上不宜挂叮当作响的饰物或链子，包和手机上也不要挂毛绒玩具。

3. 胸花一般佩于左胸，高度在从上往下的第一、二粒纽扣之间。丝巾要避免太大、太长，发饰要避免繁复、夸张。胸花、丝巾和发饰都宜选择小巧雅致的款式。

4．男教师的皮带要和皮鞋、公文包颜色一致。黑色或深咖啡色的皮带比较容易搭配服装，也比浅色显得更加庄重高雅。皮带上不要挂诸如手机、钥匙之类的东西。

5．教师要选择适合自己工作的包，最好是能够放下书本和教具。不要把包装得鼓鼓囊囊的，特别是不能让包内的东西外露。

6．男教师只穿衬衫的时候一般不打领带，并且要松开最上面的领扣。穿西装的时候，可以打领带，也可以不打。只要打领带，衬衫的领扣一定要扣好；如果不打领带，最上面的领扣不要扣。领带不能太长或太短，最下端应刚好触及腰带上沿。领带夹一般夹在衬衣第三和第四粒纽扣中间，并且最好不要露出来。

7．领带的颜色和花式多种多样，个人可依据爱好选择。但纯黑色的领带一般是葬礼专用，教学环境不可佩戴。此外，英国的学校制服大都是配着有色条纹领带，英美班的老师尽量避免这类花色，以免与学生雷同。

8．笔不能插在西装左胸外侧的装饰性口袋里。西装外侧下摆的口袋和裤子后面的口袋里也不宜放钱包、钥匙等杂物。切忌将西装衣裤的口袋塞得鼓鼓囊囊的。

总而言之，无论是首饰还是配饰，选择与佩戴的原则是：贵精不贵多，贵雅不贵大。

（储丹丹）

Q：16. 什么是文明得体的教师举止？

A：有的老师人长得很精神，专业水平挺高，课也讲得不错，可学生偏偏不喜欢他。究其原因，问题往往出在他平时不经意的一些行为举止上。教师一举手、一投足，学生都看在眼里、记在心上，教师举止不当，不仅损害自身形象，还会影响教学效果，甚至引起学生反感。那么，什么是文明得体的教师举止呢？学生不喜欢的教师举止又有哪些呢？

一、体态

教师授课一般以站姿为主，少数情况下也用坐姿。仅站和坐的体态，就有很多值得老师们注意的地方。

首先说说站姿。站立应挺胸直背，不可斜靠在讲台或黑板上，也不能缩头含胸、双手撑立在讲台上。双手可以轻放在讲台上，也可以相握放在身前或垂放在身体两侧。不要把手背在身后，这种姿势显得傲慢、盛气凌人。双腿可以并拢，也可以略分开，但不要开立过大，也不要双腿交叉站立。

再说说坐姿。坐下要慢，不要猛地一屁股砸在椅子上。穿裙装的女士坐下时应先以双手拢平裙摆再慢慢坐下。注意不要坐满整张椅子，只坐椅面的前2/3即可。坐着的时候，上身挺直，不要向后仰靠在椅背上，也不要向前趴在讲桌上。手臂可以轻放在讲桌上，也可以掌心向下叠放在大腿上。不要双臂交叉抱于胸前，不要抱膝。女士双膝要并拢，男士双膝距离不超过肩宽。不要把脚架高，跷到别的东西上，也不能跷“二郎腿”。

有时候，教师需要在教室里来回走动，注意脚步要轻，不可踩得地板咚咚作响。选择一双软底的鞋就可以避免这个问题，而不必蹑手蹑脚。

二、目光

除了保持优雅的站姿和坐姿之外，目光也非常重要。教师目光影响着学生的情绪。收放有度、礼貌优雅的目光能够让学生们如坐春风，而如果没有掌握好目光的方向和停留时间则可能造成学生紧张或不知所措，甚至引起误会。曾经有位男老师因为上课时总习惯性注视一个方位，结果导致坐在那个区域的一位女留学生非常不安，反映到学院要求调换班级。

以下是关于教师目光的一些注意事项：

1. 授课时，应时时以关切、询问的目光看向学生，关注学生的表情和状态，根据学生的反馈来调整课堂节奏。切不可只紧盯着课本或教室的某个固定位置，无视学生。

2. 目光不可游移不定，也不要总盯着某一个人或某几个人，要有节奏地环视整个课堂，跟每一个学生都要有目光交流。

3. 学生回答问题或与学生对话的时候，要以温和、期待的目光注视正在说话的学生，视线可以在对方的眼睛到下巴之间移动，但不要目视别处。如果某个学生发言时间较长，就不能一直紧盯着对方，视线可以适当移开，但最后发言结束时还要回到对方眼睛上，给对方目光反馈。

4. 注视时间以发言时间的30%—60%为宜。视点可以落在学生面部，最好不要注视学生身体的其他部位。

5. 视力不好的老师应该佩戴眼镜，而不能眯起眼睛或者斜着眼睛看学生。

三、手势

手势是课堂教学的重要组成部分，也是不可或缺的辅助教学手段。一个老师的常用手势含义要相对固定，以利于学生熟悉和接受。比如用手臂在身前画小圈这个手势，今天用它表示依次回答问题；明天又用它表示重复念课文，学生就无所适从了。新教师应注意收集、模仿一些简明有效的手势，并在与学生的磨合中逐步形成自己的特色手势语。而教师使用手势也有一些文明礼仪方面的禁忌：

1．忌用手指指点。不论是指点物品、指点方位还是指点学生，都应该五指并拢，掌心向上，指尖与手臂成一条直线，以全手来指示。尤其是点名回答问题的时候，切忌用一根手指指着学生。

2．忌勾动手指招呼别人。在招呼别人并希望对方走近时，可以掌心向上，用整掌连同小臂一起向自己的方向摆动示意。而仅勾动食指或除拇指之外的四指是很不礼貌的。

3．慎用竖起大拇指来夸赞学生。不是所有的民族都能接受这种竖大拇指的夸奖方式。澳大利亚、新西兰一些地区认为伸大拇指是粗野的手势；伊朗和印度一般认为伸大拇指是侮辱人。

4．忌敲击桌子或黑板。引起学生注意的方式有很多，提升音量、变换语调、轻轻击掌等都是有效的办法，但用手指敲打桌子和黑板则很不礼貌。

四、其他课堂礼仪及禁忌

1．上下课守时。课前宜提前几分钟到班上整理板书、教具，不应在铃响之后才踏入课堂，更不能迟到。下课同样要守时，不要拖堂。课堂上看时间要不露痕迹，不要总抬手看表。

2．课上要避免不雅动作，例如：挠痒、伸懒腰、掏耳朵、抻拉内衣裤等；要克制下意识的小动作，例如搓手、绕手指、抠指甲、转笔，等等。

3．避免在学生面前发出不雅声响，如不得已需要清嗓，应低下头或背过脸，尽量掩口小声；如打喷嚏，应背过脸去，以肘部掩鼻，以免喷溅口沫。

4．课上递送物品忌抛掷。书本、教具应当稳拿稳放，递送到手，以示尊重。教师不要为了少走几步路而用抛掷的方式递东西给坐在后排的学生。

5．无论是课上谈话还是课后私下交谈，都要保持安全距离，即不小于45cm，否则过于亲昵，令学生感到不安，也容易引起误解。

（储丹丹）

第三章
跨文化交际篇

Q：17. 应该具备哪些文化修养才能在跨文化交际中从容不迫？

A： 在跨文化交际中，我们所需要的文化背景知识包罗万象，从广义上讲，它包括一个国家的政治、经济、历史、地理、宗教、习俗、礼仪、道德、伦理、心理以及社会的各个方面，这些对个体行为方式的影响很大，不同文化背景下，个体的交际行为、审美取向、时间观念和个人的价值观都有所不同。表现在日常用语、专有名词、成语典故、民间谚语以及形体语言等都有所不同。作为一名国际汉语教师，必须不断学习，不断提高自身的文化修养，才能适应跨文化交际教学的要求。

在对比中学习，深入分析理解跨文化交际中成功和失败的案例，理解跨文化的差异，汲取对方（学生）优秀的文化营养，提升自己的文化修养，保持和发扬自己民族优秀的文化，把学习与理解结合起来，培养起跨文化交际的素质。

首先，教师是传道授业解惑的，我们的学生是来学习我们的语言和文化的，因此，我们必须努力把自己塑造成汉语和中国文化的专家。

尽管绝大多数的国际汉语教师都是在中国文化的环境中成长起来的，那么是不是意味着他们就都对自己的文化很了解或具有较高的中国文化修养了呢？回答是：不一定。我们在这里并不想为大家介绍博大精深的中国传统文化，而只想谈谈我们个人应当具备的中国文化知识和修养。

中国文化修养指的是什么呢？中国古人注重“修身”，即自我内心修养。所谓“君子不可以不修身”（《中庸》），还要求“自天子以至于庶人，壹是皆以修身为本”（《大学》）。中华民族自古以来强调内在精神世界的开发，孔子曰“见贤思齐焉，见不贤而内省也”（《论语•里仁》）。曾子曰“吾日三省吾身，为人谋而不忠乎？友交而不信乎？传不习乎？”（《论语•学而》）。《大学》的“修身、齐家、治国、平天下”的政治观，把“修身”放在首位，是“本”，“齐家、治国、平天下”是“末”，至今还有“独善其身”的说法。

这一内向探索的精神，在某种程度上催生了中国人传统内向的性格。我们这么说，并不认为当今中国人都是传统内向的性格，经过十年动乱，我们的传统文化受到了冲击，精华和糟粕都一并遭到了摒弃，改革开放20多年以来，外来文化也受到一些“反传统”人士的大力追捧，成为时尚的标签。但是优秀的文化传统才是我们的根，我们不应该忘记这一点。

其次，在中国社会生活中，维持群体利益是一个重要规范，个人利益服从集体利益或国家利益，发展至今则成为了追求与众不同、标新立异。而与日本、韩国的“集团性”群体意识又有所不同。这与中国社会的另一个重要的道德标准有关，那就是尊卑之序。《孟子•滕文公上》中说“君臣有义，父子有亲，夫妇有别，长幼有序，朋友有信”，这是一个强大的社会秩序，要求每一个人就范于这个道德文化，要求人表现出谦和。但是新中国的许多政策如独生子女政策、男女平等政策在很大程度上打破了这一传统标准。在人与人交往中，我们往往会忽视长幼之序，都是一个孩子，为什么要让着小的，一直以来是以一个孩子为中心地长大成人，都是别人关照我，什么时候需要尊重和照顾别人呢？所以大多数日韩人能做到敬老尊老，而某些中国人却反而做不到这一点了。

由此可知，我们应该认认真真地去学习中国的传统文化，虽然我们是中国人，但不一定就了解、懂得我们祖先给我们留下的宝贵文化，在这里我们并不是要介绍讲解中国文化知识，只是要特别提出每一位国际汉语教师应该认认真真、扎扎实实地去学习，做一名“本地专家”，比如，如果连文庙供奉的是我国的大教育家孔子都不知道，那就不配做一名教师了。

第三，世界文化知识修养。虽然我们说到要认认真真地学习中国传统文化知识，当一个“本地专家”，但这不是我们的终极目标，我们的工作是国际汉语教学，同时，也是在进行跨文化的交际。我们不能用本土文化想当然地去理解异域文化。因此我们应该意识到跨文化交际中存在着文化差异，还要深入了解文化差异的内涵，并意识到跨文化交际需要一定的技能。之后把本土文化与异国文化进行融合，使自己成为二元甚至多元文化专家，并结合技能方法构建跨文化能力，达到一个多元文化教师应具有的能力水平要求。

（王有芬）

Q：18. 国际汉语教学仅仅是在进行汉语和中国文化教学吗？

A：国际汉语教师出现在以外国学生为教学对象的课堂上，不仅是在讲授知识、传播中国文化，而且是在进行着跨文化的交际活动，其思维模式、外在表现和行为倾向“很中国”或“很洋化”、“很自我”都不是可取的态度。这时便需要进行“人格”重塑，即使你已经获得硕士学位或博士学位，上起课来可能仍会“有劲使不上”，与学生有隔阂，这大概不是你的专业水平问题，而是你的跨文化交际缺乏技巧，那么就需要学习文化知识，异族文化的特点和跨文化的交际策略，做到“知己知彼”，才能“临阵不乱”，避免交际冲突和失败。

国际汉语的教学对象来自世界各国，作为一名国际汉语的教师不可能通晓每个学生的母语，但是至少应该了解学生祖国一些有代表性的文化特征。与此同时，我们还应该了解自己是谁，了解自己是如何成为自己的，了解自己的风格、趣味及价值，然后才能了解我们和他人的差异和共性，逐渐培养起自己辨别扬弃贯通的能力，这种能力有助于我们的跨文化交际，完善我们的人格形象，促进文化交融和理解，使自己具有涉猎多种异域文化后的开阔眼界和宽广胸怀，使自己思想开放，对自我和世界都有深刻的理解和洞察，体现出多元化的思维方式，在言行上体现出不同文化的完美整合，不至于在文化评价和批评上引起激烈的冲突。

随着中国对外开放程度的逐渐深入，西方社会的人和事物越来越多地走进了我们的视野，在这种情况下，跨国域、跨民族、跨文化的经济和社会交往将会与日俱增，这就为我们提供了许多与西方人接触和交往的机会，这对于加深我们对西方社会的理解是一件好事，但这并不是一件简单的事情，因为我们所面对的是来自陌生的文化和国家，思维习惯、价值取向、思维方式、生活习惯和行为方式都与我们迥然不同的人，在与之交往的过程中不可避免地会出现文化冲突的现象。比如以下几个方面的文化冲突就很常见：

1. 隐私方面的冲突

中国人的隐私观念比较薄弱，认为个人要归属于集体，在一起讲究团结友爱，互相关心，故而中国人往往很愿意了解别人的酸甜苦辣，对方也愿意坦诚相告。而西方人则非常注重个人隐私，讲究个人空间，不愿意向别人过多提及自己的事情，更不愿意让别人干预。

2．时间观方面的冲突

西方人的时间观和金钱观是联系在一起的，时间就是金钱的观念根深蒂固，所以他们非常珍惜时间，在生活中往往对时间都做了精心的安排和计划，并养成了按时赴约的好习惯。在西方，要拜访某人，必须事先通知或约定，并说明拜访的目的、时间和地点，经商定后方可进行。而有些中国人在时间的使用上具有很大的随意性，西方人对此往往感到不适应。

3．客套语方面的冲突

中国人注重谦虚，在与人交际时，讲求“卑己尊人”，把这看作一种美德，这是一种富有东方文化特色的礼貌现象。在别人赞扬我们时，我们往往会自贬一番，以表谦虚有礼。西方国家却没有这样的文化习惯，当他们受到赞扬时，总会很高兴地道谢表示接受。因此，东方人往往会觉得西方人过于自信，毫不谦虚；而当西方人听到中国人这样否定别人对自己的赞扬或者听到他们否定自己的成就时，则会感到非常惊讶，认为中国人不诚实、虚伪。

4．餐饮习俗方面的冲突

中华民族素有热情好客的优良传统。在交际场合和酒席上，热情的中国人常常互相敬烟敬酒。中国人宴客，即使美味佳肴摆满一桌，主人也总习惯讲几句“多多包涵”等客套话。主人有时会用筷子往客人的碗里夹菜，用各种办法劝客人多吃菜、多喝酒。而在西方国家，人们讲求尊重个人权益和个人隐私，所以他们不会做强人所难的事。吃饭的时候，绝不会硬往你碗里夹菜，自己想吃什么就吃什么，他们也不会用各种办法劝客人喝酒，不会非要你喝醉了不可。

大多数国际汉语教师是在中国文化环境中成长起来的，当走进汉语教学这个领域，将会面临表层的与学生交流的语言障碍和深层思维方式上的文化差异，会有许多新的感受和经验，那么我们上文提到的信息将有助于国际汉语教师重新认识已有的经验，调整现有知识结构，避免“自我为中心”的本土文化主义，对文化差异持有宽容的态度。

一言以蔽之，我们要有跨文化意识，即对文化差异要能理解并做出适当反应的意识，不能以本土文化的价值观和行为标准去判断衡量不同文化背景的学生的言行。而且，跨文化意识必须转化为跨文化交际的技巧，才能为国际汉语教学的顺利进行打下基础。诚然，跨文化交际技巧的提高和发展需要在具体交际环境中去磨炼，但实践经验的积累和相关知识的学习也起着很大的作用。

（王有芬）

Q：19. 不同国家的学生有哪些鲜明特点？

A：国际汉语教学的课堂一般是多个国家的学生参与的，学生们有着在各种文化背景下形成的鲜明的民族性格特点，作为一名国际汉语教师有必要了解不同国家学生的鲜明特点，这样既有利于因材施教，使教学能够顺利进行，收到良好的教学效果，又有利于课上课后师生之间的交往。

我们在这里不可能一一列出每一个国家学生的特点，但我们可以选择有区域性特征的国家来说说。

先说说欧美学生。欧美地区学生有许多鲜明的共同特点，他们独立成熟，自主性强，在课堂上表现得积极主动，勇于发表自己的观点，与老师平等交流。课堂上有了他们，气氛就会十分活跃。鉴于此，教师对待欧美学生没必要嘘寒问暖、过分关心。不然，他们会认为老师在干涉他们的私生活，或把他们当孩子看，这是对他们的不尊重，甚至会觉得是对他们的侮辱。还有，在处理问题时他们比较理性，不会因为你是老师就按你的愿望来做，师道尊严在他们那里行不通。

欧美学生自信、骄傲，但是他们脸上总会有微笑，亲切友善地和见面的人（不管认识不认识）打招呼，说声“你好！”认识的人之间互相称呼名字，不带姓，显得亲切。当然，学习汉语的学生，也会按照中国的习惯称呼“某老师”。由于汉字对他们的学习有制约作用，加上他们习惯大胆发表自己的观点，因此一般来说他们的口语水平远远超过他们的读写水平，但是他们自信的性格使得他们似乎不太在乎平时的考试成绩，每次HSK考试你能看到的欧美学生极少。只要自己感兴趣的事情他们就会努力地去做。相反，如果不感兴趣，随便老师怎么要求他们也不会做。他们似乎不讲什么人情，理性行事。

再说亚洲汉字文化圈的日韩学生。他们的整体特点是“集团性”和尊敬师长。在这方面，日本人的表现是：在集体活动时表现出能够做到保留个人意见，少数服从多数，听从指挥，严格守时。而韩国人的表现是：自己“内部”发生了摩擦的事情绝不“外泄”，即使是老师也不告诉，他们用自己国内的办法来解决，所以，老师没有必要过问。

另一方面，这两个国家的学生都非常尊敬师长。日本人一听到“老师”这个词，就会毕恭毕敬起来。还有，日本人在参加集体活动时，一般长者多发表意见，年轻人先听着。在公共场所，长者也可以批评年轻人的不懂事等。但在称呼上，无论长幼都有尊称或昵称，即使是老师点名也要在学生的名字后面加上表尊敬的后缀，用汉语来说就是“某某同学”，直呼其名就显得很刺耳。韩国学生对老师也很尊敬，比如用手从老师那里接拿取物时，都要用双手或用一只手扶着另外一只手，显出郑重的样子。另外，韩国人互相之间也是不能直呼其名，年幼者对年长者要称呼哥哥姐姐或叔叔阿姨，在韩国学生之间你可以经常听到什么哥哥姐姐的称呼。

日本学生在课堂上一般比较沉稳谨慎，不点到自己的名字不主动发表意见，他们很愿意按部就班一个一个地来发言，气氛比较沉闷。但这并不说明他们内心也一样沉寂，要是在卡拉OK厅或晚会上你会看到与课堂表现迥异的日本学生，他们载歌载舞，十分活跃。因此，在课堂上教师不应该只注意到活跃的欧美学生，而忽略了期待着你关注的日本学生。

韩国学生比较注意跟老师搞好关系，以期得到多一些关照，他们说话做事都比日本学生显得热情，积极主动，甚至会在课间给老师递上一瓶饮料或一盒点心，面对这样的情况，老师不好拒绝学生的好意，但在对待全班学生的态度上，要特别注意“一碗水端平”，客观公平公正。

（王有芬）

Q：20. 与不同国家的人们交往时，要注意哪些有关禁忌的问题？

A：作为面向世界的国际汉语教师，每天面对来自不同国家的学生，就等于在与不同国家的人进行交往，有许多禁忌的问题需要教师注意。在宗教、历史、文化、政治等大的领域里的禁忌需要专门学习和研究，如果你是这些方面的外行，只要不是故意的，犯了禁忌也许人家会原谅。但是一些常识性的知识我们应该了解，避免不必要的不快。比如，你的学生中有爱尔兰人，你不能把他说成是英国人，是乌克兰人不能说成是俄罗斯人，是韩国人不能说成“南朝鲜”人。现在韩国的首都不要再说成汉城，要说首尔，等等。

另外，在日常工作生活中的一些看起来微不足道的小事，也容易犯禁忌，而且还不能让人原谅。比如，许多中国人喜欢问年龄、工资、在哪里工作等问题。这种情况非常常见，问的人好像也很自然随意，而实际上呢，这在国际交往中是非常忌讳的，欧美国家包括日韩等亚洲国家的人都把这些看作是个人的隐私，外人不可以过问。

另外，这些国家的人也不习惯问别人得了什么病，除非对方主动谈起。这是个敏感话题，可能这个人不想让别人知道。当然如果是好朋友的话，你可以问，否则最好别问。因为如果你问别人得了什么病，那么他会告诉你一件非常难堪或伤心的事，而这种事情你又不好作答。你可能会觉得很尴尬，不知道接下来该怎么办好。我们做老师的，容易表现出关心学生身体健康，但这样做会让欧美学生觉得你把他当作孩子，对他来说是一种不尊重。他不但不领情，反而会十分恼火。

还有一些行为看起来似乎是很小的事，在国际交往中却是很忌讳的，举个例子：

有个中国老师在日本的一所外语学校从事汉语教学，学校里除了中文教师以外，当然还有其他语种的老师，也就是说是一个国际化的场所。我们这位老师由于患过敏性鼻炎，经常都处于半鼻塞半流鼻涕的状态，所以一下课回到办公室就站在垃圾桶前拿出纸巾擤鼻涕，使劲擤，恨不得一下子全擤出来，让鼻子彻底通气，这样的感受只要患过感冒鼻塞的人都能想象出来。在我们中国人看来，擤鼻涕是很自然的事，也可以理解，没什么大不了的，比这更严重的随地吐痰的现象，在国内也常见。可是在国际交往中，这可是个大忌讳。当时在场的其他国家的老师实在受不了，就有一位老师走过去对他说："对不起，也许是文化不同，但是我还是要说，您在公众场合擤鼻涕，我们接受不了。"这多么令人尴尬啊！我们的这位中国老师其实平日是非常善良、友好、礼貌、敬业的，只是没有意识到擤鼻涕这样看似平常的事在国际交往中是个大忌讳，这位老师为此自责不已。

那我们有鼻涕怎么办呢？难受呀！那就找一个僻静的地方，或在厕所清理，包括咳嗽打喷嚏等身体产生的不良情况，都应该在众人面前回避，即使不得已也要用纸巾或手帕掩住口鼻，转过身去，而且要说"对不起！"这才是符合国际惯例的文明的举止。

下面我们再列举一些中国人容易忽视却是犯忌的事例，我们作为从事国际汉语教学的老师在学生面前要特别注意：

1．在公共场所大声说话，完全不顾及他人的感受。比如几个熟识的人在一起聊得高兴了，手舞足蹈，越聊越带劲，嗓门越来越大，如入无人之境。

2．参加活动迟到早退，没有歉意的表情反而大摇大摆。我们的古人有鞠躬作揖的谦虚举止，现代人却完全没了形体举止上的这一套，身体直愣愣的，走路蹬蹬的，有失礼貌。

3．喜欢跟人套近乎，然后求人捎带手帮忙。比如，国外什么东西好，就让学生帮忙带来，其实和教师的身份很不相称。

4．直接问人的家庭状况，身上衣物的价格等。有的中国人对"老外"特别好奇，喜欢把人问个"底儿朝天"，美其名曰：拉家常。其实，这是属于个人隐私，不可以随便问的。

5．跟人关系好的时候，称兄道弟，钱物你我不分。比如在饭馆吃饭时抢着付钱，可是这样次数太多的话，对谁都是个负担。

6. 与人交谈时急于下结论，或反复劝说，强加于人。如果我们教师在课堂上引导学生讨论时，急于提出自己的主张，劝导学生接受自己的观点，这样做的后果说轻一点，是让我们无法听到不同文化背景下的学生从不同角度看问题的精彩论述；说重一点，有可能造成和谐的缺失甚至破坏。

7. 夸海口，对什么都说没问题，其实世事难料，往往出问题。

8. 过了一段时间又见面时，比如一个节日或假期，中国人还喜欢说："哇，你又长胖了。"或"你比以前发福多了！"这也是在国际交往中很忌讳的，会让欧美人十分地恼火，要是在他们的国家，说这样的话，就算被揍一顿，那也是罪有应得。

9. 跟阿拉伯人交谈时忌讳双手交叉着说话。在利比亚，你若搬出这一套，会被认为在侮辱对方。另外在阿拉伯人看来左手是肮脏的（因为左手要处理大小便），右手是洁净的。所以递东西给人和吃饭时一定要用右手。其实俄罗斯人也是这样使用手的，只不过他们相信"左主凶，右主吉"的传统说法。

10. 与日本人交往，初次见面别送礼，接受礼物要回礼；与法国人交往，初次见面更不要送礼，否则有行贿之嫌。

（王有芬）

Q：21. 对外汉语教师在课堂上应该以什么样的态度对待学生？

A：对学生的态度一般来说要亲切友善。

人与人之间交往的态度可以是客气的、热情的、亲切的、随和的、严肃的，等等。但是有一个把握程度的问题，客气过分、热情过分、严肃过分都不是好的态度。生活中我们听过“客气地拒人于千里之外”、“热情得让人受不了”、“严肃得像谁欠他钱”等说法，就是“度”没把握好。

学生一般对老师有依赖心理，来华的外国学生虽然大部分是成人，但由于他们往往是孤身一人不远万里来的，语言不通、举目无亲的大有人在，所以教师首先应该关心学生。如果学生需要，应该随时提供帮助。如果学生愿意把自己生活中的困难告诉老师，老师应该尽“地主”之谊，不要上完课就一走了之。

但这并不是说要把学生当孩子来照顾，学生就是学生。尤其是欧美学生，他们的教育背景与中国完全不同。他们很独立，自主性很强，显得很成熟，完全可以与之平等交流。而日本学生一般来说都羞于在众人面前表达自己的需要，但不是说我们就要表现得主动一些去关心他们。日本人有一个基本原则，那就是：不要给别人添麻烦。比如说，中国人喜欢亲戚朋友之间捎带手帮个忙。比如出差旅行帮忙带个东西、行李等。这在日本人看来是十分麻烦的事，日本人崇尚自己不要给别人添麻烦，也不要给自己找麻烦。如果我们跟日本人交往时，表现得太热情、太主动，甚至可能让人误认为“别有用心”呢。所以我们只要表现出对工作极其负责任的态度就可以得到他们的认可。

另一种情况就是国际汉语教学课堂的文化多元性，学生们有着各种文化背景下的民族性格，如上文提到的欧美学生和日本学生，他们的民族性格完全不同：欧美学生积极主动，日本学生沉稳谨慎。在课堂上，大多数欧美学生踊跃发言，气氛活跃，而日本学生与此相反，不点名不说话，表面气氛沉闷，但是内心一样活跃。因此，在课堂上，教师不应该只注意到活跃的欧美学生，而忽略了沉默的日本学生。

由于学习方法和自身条件的不同，学生的学习效果总是不尽相同的。成绩总有好坏之别，但作为教师，对待学生的态度应该一视同仁。虽然天资聪颖、基础好的学生教起来会特别顺手，相反情况的学生让教师有“带不动”、“费劲”的感觉，不过教师绝不能在学生面前表现出厚此薄彼的态度。中国有句古话“一日为师，终身为父”，作为“父”，要爱自己的“子”。而且人和人之间是有感应的，教师是否关心喜欢自己的学生，学生也是能够感觉到的。一个人感受到了被关心、被喜欢、被尊重，就会产生巨大的幸福感，学习会更有热情和动力。

因此，在课堂上教师应该充分关注每一个学生，尤其是那些性格内向、不够自信的学生。如何关注呢？就是要结合学生的个性特点，否则会使交际受挫，比如，要是对日本学生过分关心，他们会紧张，担心你有什么企图；要是对欧美学生过分关心，他们会认为你干涉他们的私生活，或把他们当孩子看。当然他们也不会完全听你的，不会因为你是老师就按你的愿望来做，他们的文化是尊重个体。

要了解学生的个性特点，在初次见面时除了让学生作自我介绍，对有些语言基础的学生还可以让他们写出自己的学习计划，对未来的打算，学习目标等。总之，就是想办法多了解一些学生的情况，这样在跟他们的交往和课堂教学中才能做到有的放矢。

（王有芬）

Q：22. 赴国际宴请需要注意些什么？

A：国际汉语教学的对象是世界各国的汉语学习者，教师除了教学活动以外，还可能会参加一些师生之间、校际之间甚至国际之间的友好活动或节庆活动，这些活动的场所和气氛都与课堂有所不同，餐饮也比一般的家宴或朋友聚餐多了些郑重、隆重的味道，因此对参加者来说，应该注意一些赴宴礼仪。

首先，着装应大方得体。赴宴时，男老师最好穿深色西服打领带，同时应着黑色皮鞋，深色袜子，切忌穿白袜子黑鞋；女老师穿套装或礼服，不宜穿裤子，也不宜穿短裙，以过膝的裙子为宜。即使穿休闲一些衣服也要干净并熨烫平整，绝对不可以穿牛仔服。不管是男老师的西服还是女老师的套装或礼服最好是平时上课时没有穿过的，平时准备一两套只在正式场合才穿出来，这样会产生令人耳目一新的效果。

有人会问女老师穿旗袍去参加活动不是很有代表性吗？其实，旗袍对人的身材要求很挑剔，比如身材瘦小和过于肥胖的人从严格意义上说都不适合穿旗袍。因此，最好穿适合自己身材，符合自己气质的衣服。在这一方面，不妨多做做“功课”。

其次，赴宴时间。迟到、早退、逗留时间过短都被视为失礼或有意冷落。身份高者可略微晚一点到，普通客人应该正点或按主人的要求到达；退席的时候，要待主宾退席后再陆续告辞。确实有事需提前退席，向主人说明后悄悄离去；也可事前打招呼，届时离席。

进入宴会厅要同客人点头示意或相互问候，不管是认识的还是不认识的都要一视同仁，温文尔雅。

如果是有座次安排则要对号入席，入席时应根据请柬上注明的桌号和座位就座。如果同桌中有长者，应待长者坐下后再就坐。如是大型宴会，就餐是自助形式，在此情况下，应自己找适当的座位坐下。注意正对门口的座位是上座，背对门口的是下座。

用餐时机要恰当，用餐前不要用餐巾纸擦拭餐具，那样做表明你认为此处餐具不干净。当主人示意用餐后，不要急于落筷，应在本桌的上座开始动筷才可以动筷或刀叉。菜上来后，如果主人起立敬酒，客人应起立回敬。如果自己不善饮酒，可用饮料代替。举起酒杯时，双目平视，稍微端近，小啜一口，慢慢品尝，然后要赞美酒好、酒香。再斟酒时，不要把酒杯斟得太满，也不要向别人劝酒。另外，如刚吃完油腻食物，最好先擦一下嘴再去喝酒，免得让嘴上的油渍将杯子弄得油乎乎的。干杯时，即使不喝，也应将酒杯在嘴唇边碰一下，以示礼貌。忌讳喝酒过量、失言失态。可以敬酒，但不宜劝酒，尤其是不能劝女宾干杯。

如果是自助餐，在取食物时一次不要取太多，把餐盘堆得满满的，或放得横七竖八，看起来脏兮兮的。吃完了盘中的，不够可以再取。注意，不要拿着刀叉或筷子做手势在别人面前挥舞，那是失礼和缺乏修养的行为。自助餐就是自己吃自己的，即使在场有自己很熟的人，也不要我给你带一盘，你给我捎一碗。食物不要剩，浪费食物在哪个国家都是陋习。

嘴内有食物时，闭嘴咀嚼不要说话；喝汤时忌讳啜，吃东西不要发出声音；剔牙时，用手或餐巾遮口；嘴内的鱼刺、骨头不可直接外吐，用餐巾掩嘴取出，或轻轻吐在叉上，放在菜盘内；吃剩的菜，用过的餐具、牙签，都应放在盘内，不要放在桌面上。

用餐时相互交谈是很正常的现象，但切不可大声喧哗，放声大笑；相反，也不可一个人埋头大吃，不管不顾。其实，这时候，老师正好可以利用这个机会跟学生交流一些平时在课上没有涉及的话题，但只是点到为止，不能扎堆聊天，要照顾到整个场面。

宴会进行中，如由于不慎遇意外情况发生，应妥善处理。餐具碰出声音，可轻轻向邻座（或向主人）说一声“对不起”；餐具掉落，可由招待员另送一副。酒水打翻溅到邻座身上，应表示歉意，协助擦干；如对方是女士，只要把干净餐巾或手帕递上就行，千万别自己手忙脚乱地帮助别人，不然效果适得其反。

赴宴只是一种社交活动，目的不在吃，而在于交往，在于由一系列的礼仪和规矩制造出一种氛围。国际汉语教师应认真对待宴会，体现中国人良好的教养和风貌。

（王有芬）

Q：23. 跟外国学生一起外出用餐谁付钱？

A：老师与学生交往多了，自然有时会一起相约下馆子吃饭，尤其是年轻教师与年轻学生有许多“共同语言”。所以我们这里说的老师跟学生一起去吃饭是像朋友那样的关系，不是学生想跟老师搞好关系，以求得到老师关照那样的。可是一起吃饭后的费用谁付呢？或者说怎么个付法呢？是由老师付还是学生付？还是AA制呢？

平时在课堂讨论的时候有学生提到，在饭馆吃饭的时候，看到中国人争着抢着付钱，不知道的还以为他们打起来了呢！对这种情况很难理解。另外，我们中国人好朋友之间吃饭，一般不习惯AA制，而是这次A付，下次B付，大家轮流坐庄。外国学生们还是不理解，说这很麻烦，万一忘了，怎么办？确实，学生的流动性很大，他们所关注的事物也经常在变，所以，可能有了这次没下次。

在国际上，人与人的日常交往中，如果交往双方都觉得志趣相投，那么可能会在一起吃饭喝酒，费用一般是AA制的；或是各自付自己所点的食物。 如果我们老师与学生是以朋友身份交往，那应该按照这样的方式来付费，不要给学生增加负担。

当然，很多时候好几个学生或一个班的学生愿意跟老师一起吃饭聊天，他们一起来请老师客，吃完饭之后他们中的组织者去结账，然后算出平均每人应该付多少，这时他们不要老师付费，那老师也要说“谢谢!”“让大家破费了!”表示客气和感谢。

发达国家的学生在大学（甚至在高中）时就开始打工，他们的零花钱甚至学费和生活费都是靠自己打工挣来的，所以花自己挣的钱是要精打细算的。所以，从事国际汉语教学的老师不能有“师道尊严”的思想，觉得学生请老师吃饭当然该由学生付。相反，在国外有的老师在发奖金的日子，会拿出一点儿钱给班上每一位学生买个便当（盒饭）或买个冰淇淋什么的，全班在一起高高兴兴地享用。

另外，即使学生们尊敬老师而掏钱请老师，老师也要注意不要一个人就把菜点完了，或是尽点自己喜欢的东西，应该点一个菜之后让其他学生点。菜不要点得太多，也不要点太贵的，反正不要铺张浪费，学生毕竟还没有稳定的收入嘛。

汉语教师去国外任教，有时也会有机会和学生一起吃饭，究竟如何处理要看实际情况——如果老师初去某个国家，对当地的情况（包括物价水平）还不太了解，学生一般请老师吃饭是为了让老师尽快熟悉当地的情况，对老师孤身在外表示关心，这样的活动不会是经常性的，老师应该接受学生们的好意，不必过分拘泥于AA制，但如果老师在当地的时间已经比较长，就不宜总是坦然吃请，要做好实行AA制和自己请客的准备。

（王有芬）

Q：24.如何享用不同国家的特色餐饮？

A：中国是世界上有名的烹调大国，菜品花样繁多，吃不胜吃，所以也让不少国人形成了在饮食方面强烈的，甚至是莫名其妙的优越感，总觉得别国的饭菜不如中国菜好吃、甚至没法吃。有时在面对别国风味的饭菜时，往往就会自觉不自觉地流露出这样的情绪，甚至有时会脱口而出一些让人难堪的言辞，比如，“西餐真难吃！”“泡菜一点儿也不好吃！”等等。平心而论，其实每个国家都有美食，只要我们抱着宽容的、兼收并蓄的心态，再稍微“勇敢”一点儿，就可以得到意外的享受。

要知道，轻率地断言“某某餐”不好吃是很失礼也是很无知的——因为当地的菜品你未必都尝过，你吃着不可口常常是因为不习惯，吃几次以后你兴许还“爱上”它了呢！其实就是中国菜，你也不是都吃过，都习惯。所以初次面对不太可口的洋餐时，要说“不习惯”而慎说“不好吃”。

作为一名国际汉语教师，要了解用餐礼俗，也要了解一些餐饮的国别特点知识。下面我们先说说较有代表性的日餐、韩餐、西餐的特点。

首先说说日餐。日本人注重形式，非常在意别人眼睛的观感所引起的内心感受，避免让别人感觉不舒服，赏心悦目是他们追求的境界。表现在饮食上，日餐的食物和器皿在看似简单的形式下透出精致，包含着制作者的精心设计，也就是说首先要给人好看的印象，其次才是好吃的味道。精致好看的程度都让人不忍心动筷子，唯恐破坏了美观。从这一点来看，用餐时要避免翻拣碟碗中的食物，尽量让吃着的食物保持好看的形状，不要显得乱糟糟的。还要注意的是，如果要在食物上加某种调料比如沙拉酱、果酱什么的，也要让加上去的东西与原食物形状协调，呈现出色彩和形状上的美，因此要讲究协调搭配原则。其实日餐除了套餐和面条外，多数菜点都是一筷子夹完一口吃掉的量，每道菜都给人一个完整的美的印象。吃完一顿饭常常还有没吃饱的感觉，但不宜说出来，这一点跟我们中餐有很大的区别。另外，日餐食物很清淡，没有浓烈的颜色和浓郁的香味，大多都保持食物的原色和原味，但对身体来说非常有益，而且也应该说是很美味的食物——原汁原味嘛。无论喜欢与否，吃完一道菜都可以称赞：“嗯，好吃，味道真不错。”第一次吃实在不习惯的人可以在心里告诉自己：“这也是该国的美食，对身体很营养。”在这样的心理准备下，你将会逐渐接受很多食物的，这对从事跨文化交际的人来说十分必要。

与食物配套的是，用餐者的一举手一投足都要符合美感原则。我们与日本人一起享用日餐，衣着要整洁，坐姿要端正，即使是不习惯的榻榻米也要坚持一下，保持自己的仪容仪态；另外取菜动作和吃相要文雅。前面讲到日餐食物多为一筷子一口的量，那我们就要一筷子夹起，一口吃掉。如果女士一口吃不下，可以小心地咬一口，尽量让余下的食物不散落在盘中或地上。在用餐中或用餐将结束时，如果要用牙签，一定要用一只手遮挡住嘴和剔牙的手。

我们再来说用韩餐要注意的问题吧。

在用餐过程中，首先是为别人倒酒，自己不为自己倒酒。自己的酒杯空的时间长了，如果没人给倒上，可以跟旁边的人说：“你有空吗？”这样来请别人给自己倒酒。另外，为别人倒酒不要倒太满，七分满即可，所以我们不要用中国的方法说：“满上。”还有，在饮酒时，晚辈不要面对长辈，要背转身，所以如果有长者与我们同桌进餐，年轻教师要注意表现出谦逊。虽然韩国是非常尊敬教师的，无论长幼，但我们自己要表现出有教养。

在用韩餐的过程中，饭碗要一直放在桌子上，切忌端起饭碗来吃，只可以用筷子夹起来或用勺舀适量放入嘴中，这一点跟中国和日本都不一样；而且吃饭前先喝汤，喝汤也是用勺舀起来喝，不可以端起碗来喝或用嘴够着碗喝。

用韩餐时使用的碟子很多，首先食物是夹到各自面前的碟子上以后再吃的，其他的佐料如辣酱、醋酱、豆酱等都分别放在小碟子里，用来蘸食物，这些东西都不可直接放在食物上。在吃饭团或生菜卷烤肉和米饭时，要一口吃掉，不要吃得拖泥带水的，因此如果自己卷的话，尽量卷一口的量，而且要卷得紧一些。

同样，在用牙签时用一只手遮着口，作隐蔽的样子，不应对着别人。

最后说说用西餐要注意的问题。

用西餐的讲究也很多，我们不能一下子都学会，但一些重要环节要注意，不做会引起别人不舒服的举动。比如用刀叉是否熟练不重要，但拿刀叉的手不可在别人面前挥舞，手里的刀叉不可把盘子磕碰得叮当作响。那是失礼和缺乏修养的行为。

左手拿叉，右手拿刀这是常识，也是切食物必须的。切食物时千万不可切得嘎嘎作响，左手的叉子叉住食物，而且要看好纹路，横切面向外，右手的刀才好切食。切好的食物要用叉子叉着吃，食物太小不好叉的时候用刀辅助，放在叉子背部靠前，这样就可以送入口中了。

在暂时停下来不用餐时，要把刀叉对着斜放在盘子的左右两边，不然服务员会撤走盘子；如果吃完了一盘，希望服务员把用过的盘子撤走，就把刀叉平行放盘中，服务员就会主动收走。

西餐吃面条是用叉子来卷起面条吃，不要吸食。西餐喝汤是用勺舀起来喝，勺子舀的方向正好与我们吃中餐时的用勺方向相反。很重要的一点是不可发出声音。

不论吃中餐还是哪种“洋餐”，都要注意的是：嘴里有食物不宜边嚼边说话，应先咽下食物再说话；在别人正好取食物或正往嘴里送食物以及正在咀嚼食物时，不要急着跟别人说话，要等别人动作完成再跟人说话；在用餐时如果身体有不适的状况出现如咳嗽、打喷嚏等，一定要以手掩嘴，侧身躲开身边的人，以示礼貌。

以上看出，每个国家在饮食方面都有些固定的习俗，如果对这些礼仪不熟悉，也不必紧张，要注意入境问俗，入境随俗。先看别人是怎么吃的，边吃边学就好了。

（王有芬）

Q：25. 去学生那里做客要做些什么准备？

A：外国留学生们为了丰富在中国的学习生活，或在周末，或在过生日的时候，会邀请朋友包括老师来自己的宿舍或家里聚会，也就是那种吃吃饭、聊聊天，比较轻松的家庭小聚会；我们在国外从事教学工作时，有时也会收到学生的邀请，去参加这类的聚会。如果教师被邀请参加这样的活动，要做哪些准备呢？

首先要守时，比开始的时间略晚几分钟是可以的，但去的太迟，让所有的人都等着你开席就不好了。如果确实因为交通的原因不能准时到达，也要尽量通知主人，让大家先开始。如果参加在家里准备的聚会，最好不要提前去，因为主人可能正在忙着准备饭菜，顾不上招待你，反而会影响主人的准备工作。按照西方大部分人的习惯，见客是要经过精心修饰的，主人在手忙脚乱地做各种准备，很可能衣衫不整、蓬头垢面，你去得太早，使他/她来不及修饰打扮，当众出丑，是不妥当的。

这样的家庭小聚会不是那么正式，在衣着上不需要着正装，可以“休闲”一点儿，穿戴干净整齐就可以。

和中国人走亲访友一样，一般不空着手去，要带着礼品。那么带什么样的礼品合适呢？

按照国际惯例，一般来说，男老师可以带一瓶葡萄酒或香槟酒，女老师可以带一盒点心或糖果，这是最通常的做法，也较容易做到。当然你如果带一点儿有中国特色的小工艺品作为礼物，比如剪纸、中国结、小的瓷器之类的，也是很受欢迎的。

我们发现，中国虽然有“千里送鸿毛，礼轻情意重”的说法，但是在实际生活中，中国人更讲究“面子”，觉得送的礼物太轻了，面子上不好看，所以往往拿着大包小包的礼品走亲访友。其实，在与国际友人的交往中，完全没有必要，这样不一定挣来面子，反而会给对方增加负担。有时，外国人在参加朋友的生日聚会时，甚至只用一张风景明信片作礼物呢！

也许大家会问，这怎么会给对方增加负担呢？礼物多且贵重，难道还有人不喜欢吗？当然，谁都喜欢，可是“礼尚往来”这也是中外通用的人之常情。一般来说，日本人在与朋友交往中，接收礼物之后会有还礼的习惯，而且还礼也不能低于接收的礼物，你要是送重礼，人家也要还重礼，这不是增加了人家的负担吗？其实，大家聚会的目的只是在一起高高兴兴地说说话、吃吃饭而已。

有个澳大利亚学生，在中国已经安家落户，娶妻生子，每次在他的孩子生日之时，他都会邀请中国老师和家人一起参加家庭聚会。这位学生是了解中国人的习惯的，所以每次总是提前打招呼：不要太麻烦，不要太破费。中国老师到了聚会上，确实看到其他客人都是带着小小的礼物送给寿星，亲吻寿星，然后大人孩子都高高兴兴地交谈、玩耍，气氛也很不错。

另外需要注意的是，买来礼物之后，需要包装。日韩习惯包装比较精美，欧美人习惯包装要随意一些，但很重要的是，在包装之前一定要把价签撕掉。这一点跟中国人不一样，中国人往往把价签留着，让收礼的人知道自己买的礼物是多么贵重，以显示自己的面子，但这在给外国人送礼物时可是最忌讳的，这一点要切记！另外，英国人一般不喜欢用有公司标志的物品作为礼物，跟我们的习惯也是很不同的。还有，伊斯兰教严禁偶像崇拜。在中东各国，洋娃娃等外形类似人像的东西，禁止放在家里当装饰品。他们的解释是：放在家里，天天观看，日子一久，会形成“偶像崇拜”的结果。因此在这些国家，绝不能以洋娃娃当礼物，否则会被误以为瞧不起他们的宗教。在俄罗斯，送礼不能送这两样物品——刀和手绢。刀意味着交情断绝或彼此将发生争执、打架；手绢则象征着离别。

（王有芬）

Q：26. 老师和学生之间赠送礼物要注意哪些礼俗？

A：师生的交往自然也是一种人际交往，礼尚往来是免不了的。但学生送的礼物都该接受吗？答案应该是否定的。

礼物常常表达出愿望。因此，并不是所有来自学生的礼物都以收下为佳。

什么样的礼物可以收，什么样的礼物不能收呢？一般来说，可以接受的情况有以下几种：

第一种：基于正常的师生或朋友关系，对老师表达关心、喜爱的：比如学生旅行带回的小纪念品或食品；本国的特产；学生自制的食品，等等。这类礼物，送的人热情骄傲，收的人开心感动，而且回赠也简单易行。

笔者在从教生涯中曾收到过许多这样的礼物，很多都一直保留着。每当看到这些礼物就想到当时的情景，想起那些可爱的学生，都觉得温暖和感动。比如，有一个班，班主任带他们去青岛进行长途语言实践活动，而其他的任课老师不能随行。他们回来之后，给没能去的老师每人一支青岛啤酒的纪念笔。笔是普通的圆珠笔，但表达了同学们对老师的爱和关心，老师们都很高兴和感动。我还曾收到一只用贝壳粘制的花瓶，那是另一个班送的同样性质的礼物，那花瓶并不精致，但至今还摆在我的书架上。

也常有很多学生带来家乡特产，比如比利时的巧克力，蒙古国的奶酪，韩国的人参糖，等等，他们总是热情大方地拿来在教室和大家一同分享，然后还特意给老师一些，让老师的家人也能分享这些异国风味，每当这个时候教室里总是欢声笑语，其乐融融。

也有手巧的学生会带来他们自己做的一些食品，比如，有一个马来西亚的学生就曾带来一大盒自制的风味沙拉，在课间休息时，同学和老师一起分而食之。看到大家吃得开心，听着大家的夸奖，那个学生表现得极为满足。而同学间和师生间的关系也更融洽了。

第二种：全班同学送的毕业礼物。或者是一束鲜花，或者是一条围巾，或者是一小瓶香水。你都可以开心地收下并表示真诚的感谢。有时也可能是有心的同学别出心裁的礼物，比如，一台DVD机。

那是五六年前的事儿了。一次，班上一个学生给同学带了几张电影碟片，课间休息时，他们在传看谈论，老师也顺手拿起来看了看，说："看起来这几个电影都挺好看的。"那个借碟片的学生就说："老师喜欢的话先拿两张去看吧。"老师说："谢谢，不用了，我还没DVD机呢。"没想到，学习结束后，在结业典礼上，班长捧着一个包得很漂亮的大盒子送给了老师。老师在疑惑中收下了礼物。打开后发现居然是一台DVD机。老师非常意外，很感动，也觉得不安。因为一台DVD机几百块钱，不算便宜。

你看，虽然是全班同学送的毕业礼物，有些也会带给老师负担。为了避免这样的心理负担，我们要引导学生送一些所费不多、但有纪念意义的小礼物。如刻有全班同学照片或记录班级活动的CD、照片、国家纪念品（比如带有小绒毛考拉的钥匙链）、民族特色纪念品（比如印尼的纱龙布）等；或者号召他们毕业时制作全班合影或留言纪念册、通讯录等，而不再准备别的礼物。

去年笔者收到了一个咖啡杯，上面印有全班师生在长城上大喊着“茄子”的合影，也是个意外之喜。真的好感动好喜欢！

还有一个很好的方法是组织全班交换小礼物。老师和每个同学准备一件小礼物，在包装内附有写好名字和祝词的卡片，然后礼物都编好号码放在一起，老师和同学们抽签取得。这不只适合在毕业时进行，平日的节庆如圣诞节、新年都可以。所费不多，又充满了惊喜，很受大家的欢迎。

那么，什么样的礼物不能接受呢？一般来说，以下几类礼物老师是不能接受的，应区别对待，予以回绝：

一是存心挑衅、有损国格的物品。如：在领土有争议地区标注不当的他国地图；歪曲历史事实或带有反华倾向的外国出版物；伤害中华民族情感的徽标或纪念物，等等。对这类物品，教师应明确回绝并告知立场。

二是过于贵重的礼物。教师根据自己的判断，如果礼物过分贵重，超出了师生日常往来的范畴，就要当场婉言谢绝。如果收下之后才发现不当，也要尽快退还，不要拖延，既要对学生的好意表示充分感谢，又要表明拒收的态度。

三是违法违禁物品。一般来说，违法违禁物品入境时在海关就会被查没，但偶尔也会有一些不知情的留学生把一些违法违禁品带入中国。此时要跟学生讲清楚中国的法律不允许持有这些物品，而不宜含含糊糊地推辞。

面对那些可以接受的小礼物，我们又该如何对待呢？

1. 双手捧接，小心轻放，真诚致谢

接受礼物的时候双手捧接显示恭敬。有的民族视左手为不洁，因此不要单用左手接物。接到的礼物要妥善放置，不能随手乱扔或放在地上。日本学生常常赠送很小的礼物，一块手帕，甚至一块点心也会精心包装，郑重相赠。哪怕受赠的礼品再微薄，也要诚心诚意地表达感谢，不可表情冷漠或表现轻蔑。如果赠送者对礼品做介绍和说明，老师要认真倾听。

2．先征询再拆看，表达赞赏

虽然中国人不喜欢当面拆开礼物，但国际上许多国家的礼俗是受赠者应当面拆看礼物。为保险起见，一般来说收到礼物后可先致谢，然后询问对方“我可以现在拆开看吗？”如对方首肯，再小心地打开包装，不要野蛮撕开。见到礼物“真容”后应再次致谢，并有针对性地表达赞赏。如“这正是我喜欢的风格！”“颜色真漂亮，款式也与众不同！”

日本是礼数最多的国家之一，日本人无论是访亲问友或是出席宴会都要带去礼品。所以日本学生给老师送礼的情况比较普遍，虽然他们初次见面总要说“请多多关照”，但他们送给老师礼品并不是为了要求老师给予特别关照，只是礼节，所以老师可以放心接受。日本人接受礼物一般不当面打开，这主要是为了避免因礼品的不适而使送礼人感到窘迫，接受的礼品甚至还可以转赠。所以老师在接受日本学生的礼品时除了表示谢谢以外，可以不打开。

韩国跟日本差不多，接受韩国学生的礼品也不用当面打开。韩国学生时常在课间的时候给老师送一瓶饮料或一包点心什么的，没有特别的包装，他们主要是想跟老师搞好关系，以期得到多一些的关照。他们不忌讳别人说闲话，都是当着大家的面送，据说在韩国上学的学生也是这样做的，所以老师只要说声“谢谢”即可。

3．酌情使用或收藏

有时候，学生会赠送老师带有浓郁的民族风情或是特别寓意的饰品，老师可以收藏但要谨慎佩戴，以免引起其他民族学生的误会。特别是不要佩戴自己还不清楚有何寓意的饰物。

下面谈一谈老师如何赠送礼物给学生。

1．表明赠礼原因

教师向学生赠送礼物的原因一般包括友好还礼、生日或毕业祝贺、因故表示感谢或歉意等。送礼时要向受赠的学生表明赠送原因，不可含糊其辞或无故乱送。

2．赠礼方式得体

如果是还礼，要选择时机单独赠送，不要引起其他学生攀比。如果是生日或毕业祝贺，要注意“一碗水端平”，人人有份，学生之间不能厚此薄彼。赠礼时要落落大方、郑重其事，注意双手递送以示尊重。礼品赠送之前要去除价格标签，礼品不论大小都应当加以包装，不宜“裸体”赠送。

3．避免禁忌礼品

不管给哪国学生，都不能赠送违法违禁物品，如盗版光盘、图书或者假名牌服饰等。除此之外，不同国家和民族的学生还有不同的禁忌，送礼时要根据对象多加斟酌，以免选错礼品，触犯禁忌。

例如：伊斯兰教禁止饮酒，禁止偶像崇拜，因此给阿拉伯国家的人忌送酒、洋娃娃或人偶。印度教尊奉蛇，禁止杀蛇，避免给东南亚国家的人送蛇皮制品。基督教忌讳数字13，忌讳黑猫，礼物的数目和图案都要避开禁忌。英国人视大象为蠢笨，视孔雀为淫荡，送礼时要避开这两类图案。日本人忌讳送梳子，因为其日文发音同“苦死”，做礼物不吉利。

一般来说，如果是祝贺生日或祝贺毕业，可以赠送鲜花。但鲜花的种类同样要注意选择，避免犯忌。比如，日本人认为菊花是皇室专用的，荷花是用来敬佛的，一般人之间不送这两种花；欧洲法语地区大都认为菊花是专送给死者的，拉美地区的人也不喜欢菊花。白色的百合花也被一些国家视为悼念死者专用，不宜赠送。除此之外，还有的国家和民族对花卉的颜色也有所忌讳，有的忌讳黄花，有的忌讳红花，还有的忌讳紫花……

总而言之，不论赠物还是送花，之前都要充分了解赠送对象的民族禁忌和爱好，不求贵，只求对——选对礼，送对礼。

（储丹丹、王有芬、张文联）

Q：27. 面对学生问到中国某些不文明现象时，该如何回答？

A：刚到中国的外国学生很容易看到或感受到中国存在的一些不文明现象，比如，无论大街小巷，行人闯红灯过马路；坐地铁、公共汽车，上车不排队；购物时服务员把找的零钱扔过来，等等。这些不文明行为给他们留下非常不好的印象，像随地吐痰、夏天光着膀子出门、随手乱扔垃圾、在公共场所大声接打电话等更是令他们瞠目结舌。

在中国生活时间长一点的留学生可能又会发现，所交往的中国人不守时，说好几点见面，却晚了很久；不守约，约好的事，总是临时取消；说话不确定，说“稍等片刻”，可能让你等候很久，甚至根本就把你忘了，等等。

看到这些现象之后，他们很不满也很困惑。在入门阶段，他们汉语水平太低，想问问老师，跟老师讨论讨论也说不出来，只好憋在心里；到了中高级阶段，很多意思能表达了，则不管是在课堂上还是在课下，只要一有机会，就会把这些问题提出来。这时，作为他们的老师应该如何回答呢？

首先，有教养的中国人也是非常反感这些不文明行为的，而且大多数中国人还是文明礼貌的。再则，任何国家的国民素质都有高低，不是整齐划一的，即使是在公认的发达文明国家也一样。另外，文化习俗的不同，形成了对同一件事物的价值判断不同。比如，欧美人吃饭时有舔手指的情况，在中国人看来就十分不卫生，就好比欧美人看到中国人擤鼻涕和随地吐痰。再如，在极其讲究卫生的日本，也可以看到男人们把烟头随地乱扔，跟中国人随地扔垃圾没什么两样。又如西方人习以为常的“三点式”泳装、露脐装，在西方人看来是展示人体美，是时尚，但中国人刚接触这些东西的时候也觉得非常不舒服。即使现在大多数人还是觉得西方的裸体浴场和日本的男女混浴等十分不舒服，难以接受。与之类似的中国“膀爷”们为了凉快而光膀子，只是不符合现代文明的标准和“健美”的标准。

其次，我们的古人早就有“仓廪实而知礼节，衣食足而知荣辱”（春秋初期齐国管仲语）的说法。翻译成现代汉语，就是说：一个人首先要解决了温饱问题，才能懂礼貌，知道德。个人修养需要建立在物质财富的基础上。如今中国正在发生积极的变化，饥饿与穷困虽然逐渐离我们远去，然而经济水平并不平衡。

在改革开放的政策下，一小部分人先富起来了，大家都看到了，富起来的日子就是好呀！于是，亿万国民都奔上了“致富”之路，拼命朝着“赚钱”冲刺，在这样的心态下往往就忽视了秩序、脸面等公德教养。其实，这样的情况在资本主义国家发展的早期，即资本原始积累阶段也大量出现过。有一部分人的是非观、价值观比较模糊。道德水平滞后于经济发展。

不过，这种现象在未来肯定会有明显改善的，如今，我们的政府已经提出了“建设和谐社会”的方针，我们的国力也在提高。加大基础建设投入，交通系统更有效率和能力，人们出行越来越通畅方便，那么闯红灯和不排队的现象就会少很多；政府的管理会更严格、更完善，学校教育会更注重品德培养，中国人的心态和观念也会随着社会发展越来越趋向文明与和谐。

为了恰当合理地解释这些现象，作为老师应该实事求是，摆事实，讲道理，做到以理服人。同时，我们也应该意识到从事国际汉语教学的老师会面临着“答记者问”，学生们还会问出些什么问题，难以预料。因此，老师更要在平时多关心国际国内大事，多看报，看电视新闻，多学历史，多研究社会，还要积累一些其他专业的常识性知识。

总之，知识面越宽，应对学生的各种问题才越从容。

（王有芬）

Q：28. 学生问：中国人称外国人为“老外”，是不是有歧视的意思？该怎么解释？

A：许多地方，中国人把外国人称为“老外”，许多教师在上课的时候可能都遇到过外国学生问：“中国人为什么叫我们‘老外’？这个称呼有没有歧视的意思？”

是的，有的外国人对中国人称呼他们为“老外”，感觉很不舒服。他们从字面来理解，认为“老外”的意思就是“老的外国人”，可他们一点也不老呀，要知道欧美人是忌讳被人认为老了。还有的学生认为，那是在嘲弄他们。理由是：如果中国人在外国的大街上被人叫“中国人、中国人”，那中国人会觉得舒服吗？确实，如果把自己放在那样的角度来看这个问题，是会觉得不舒服，那老师该如何给学生解释呢？

其实，“老”这个词，在中文里除了表示“年龄大”，或“旧的”、“过去的”意思以外，用在称呼里有尊敬和亲切的意思。如中国春秋战国时期的诸子百家中的道家代表人物被尊称为“老子”，其实他姓李名耳。这里的“老”是表尊敬。

古代的时候比较讲究礼仪，要叫“父亲大人”、“母亲大人”，现在不这样了，一般就叫一个字“爸”、“妈”，而要叫起来轻松而又幽默有趣，那就叫“老爸”、“老妈”；还有，好朋友之间称“老兄”、“老弟”和“老姐”、“老妹儿”，其实这些人可能十分年轻，这样称呼只是为了增加诙谐感，特别是亲切感。因此，“老外”这个词并没有贬义，它是一个中性词，比较口语化。

另外，中文里还有许多字面上是贬义，其实表示亲切的词。比如说“坏小子”、“捣蛋鬼”、“臭丫头”、“老不死的”等字面的意思都是不好的，但可以在特定的语境中，关系特别好的老朋友间也用这些称呼表示亲昵。

总之，如果没有什么不愉快的事情发生的情况下，中国人口中的“老外”实际上是一种亲切的称呼。如果发生不愉快的冲突了，说“该死的老外”、“讨厌的老外”那就没有亲切的含义，只是“外国人”的意思了。

中国人在正式场合是不会使用“老外”这个称呼的，而会用“外国朋友”或“外宾”这个称呼，这含有尊敬的意思。在一般情况下，外国人、老外、老美（有时甚至说“大老美”），都是中性的（过去称外国人为“洋人”）。

那么有没有对外国人的贬称呢？有，如：外国佬，美国佬，日本鬼子，洋鬼子（香港人称“鬼佬”）。

另外，为什么有的中国人在大街上看见外国人就大叫“老外、老外”呢？那是因为确实有许多中国人没有见过外国人，出于好奇，因为外貌跟我们中国人长得不一样，少见多怪。当然这些人见的世面少，表现出大呼小叫的惊讶，这在改革开放的初期，是常有的街头“西洋景”。后来，随着中国经济的持续发展，开放的程度越来越高，人们见得多了，也就不足为怪了。

其实这种情况在很多相对封闭的国家和地区都很常见，有的中国老师在孟加拉国工作时，走在大街上也被当作动物一样被参观过，被大呼小叫过。更有意思的是，在动物园参观时，孟加拉人不看动物了，只看她，还紧贴在她的前后不停地照相，就因为她长得跟他们不一样。

另外，还可以告诉学生，中国人把“外行”也称为“老外”。比如，“你连这都不懂，真老外！”这是一种调侃的说法，也是昵称，不含贬义。

（王有芬）

第四章 师生互动篇

Q：29. 良好的师生关系是什么样的？

A：在成为一名国际汉语教师之前，我曾经对未来的学生以及与他们的关系有过很多种猜想。即使是现在，每次新的班开始前我还会猜想这个班会有什么样的学生，并且期待和他们建立良好的关系。相信很多即将成为国际汉语教师的人也会和我一样。

多年来，我和我的同事经常讨论什么样的师生关系是合适的，是良好的，大家的观点见仁见智，有时还会发生激烈的争论，特别是下面的这些问题：

1. 教师除了教好课，要不要和学生搞好关系？老师的首要任务当然是教好课，现代课堂要求更多的课堂活动和互动。我们做过试验，同样的课堂任务和互动由不同的老师来主导。陌生的、呆板的老师给学生指派任务，进行课堂互动时，学生缺乏激情，课堂气氛沉闷，教学效果很差。而受学生欢迎的老师指派同样的任务，指导课堂互动，学生就会积极性高涨，气氛活跃，互动过程轻松愉快，完成任务后有很强的成就感。

2. 师生关系应该是中国式的师道尊严还是西式的师生平等？有人认为老师需要和学生打成一片，有人认为老师应该讲究师道尊严，和学生保持距离。极端的例子和极端的人都是存在的。有这样的一位老师，上课就来，下课就走，从来不和学生有过多的交流，从来不给学生笑脸，一个学期下来还没记住全部学生的名字，学生也没记住这位老师的名字。也有这样的老师，课下和学生“混”在一起，一起吃喝玩乐，一起游山玩水，很受学生的欢迎，但是不受领导和其他教师欢迎。一项调查发现，年轻老师更受学生欢迎，因为他们活跃、灵活、有激情、有年龄方面的亲和力，和学生有共同的兴趣爱好，容易和学生打成一片。

3. 是迁就学生的观念和行为习惯还是改造学生的行为习惯，让学生入乡随俗？现在的真实情况是很多学校和老师会迁就学生的习惯，甚至不纠正他们在文化交际方面的错误做法。这样教出来的学生往往没有礼貌，对老师、老人不会使用敬语，口气生硬，不受欢迎。那么我们的师生关系就存在一个困境：如果和学生打成一片，就不容易纠正学生的文化交际错误；如果让学生称老师“您”，让学生在自己的面前站着，又疏远了师生关系。

4. 要不要关心学生的健康和个人需求？对这个问题，学生的意见也分成两派，东方学生比较能接受老师的关心，而西方学生倾向于认为个人的需求是隐私，老师不能过分关心，否则会让他们不舒服。那么作为老师就要区别对待，适度关心，但不要过度关心。学生提出请求再打听，再帮助。

存在激烈的争论非常正常，因为我们的教学和教学对象很特殊，老师是中国人，学生是外国人，彼此的思想观念、行为习惯有很大不同，师生关系可以说是不同文明的交流与碰撞。

这些讨论和争论是非常有益的。良好的师生关系是什么样的，我们不需要给出唯一的答案，通过讨论和实践，每位老师都会产生自己的标准。

总结起来就是：良好的师生关系既表现在课堂上，也表现在课下。课堂上做好老师，课下做好朋友。把工作和生活关系区分开。

课堂上，老师是好老师，学生是好学生。一个好老师首先要教得好，有激情，并善于调动学生的激情，善于发现学生的特点并利用学生的特点。课堂下，和学生交朋友，师生平等，尊重学生，关心学生。

（李先银）

Q：30. 如何实现良好的师生关系？

A：良好的师生关系是教学效果的催化剂，能促成快乐教学、快乐学习的实现。那么怎样才能实现良好的师生关系？我们曾经和多位受学生欢迎的老师讨论过这个问题，试图搞清楚他们是怎么做的，他们是什么样的老师。抛去一些个人的独特性，我们发现了一些共同的特质。如果你拥有这些，你就会受学生的欢迎。虽然实现良好的关系需要老师和学生双方的共同努力，但是教师要做的更多，我们在不能硬性地规范学生的情况下，老师可以努力做到下面这几点。

首先，汉语老师应该做一个有“才”的人。一个有专业本领的人，应该想办法把课上好，把课上得漂亮，让学生爱上你的课。教师要想获得学生的尊重，首要的还是看你的课上得好不好。要想上好课，汉语教师必须具有较高的专业素质，对语言和语言教学有一定的了解和研究，并肯于思考、善于学习，尝试和创新多种教学方法。汉语教师应该有本领把复杂的东西讲简单，轻松易学。汉语教师应该有激情，并善于引导和利用学生的激情，使课堂教学生动、有趣、快乐、轻松。汉语教师应该灵活，不死板，善于设计多种课堂活动和师生互动交流。

其次，老师应该做个有“心”人，归纳起来就是三“心”。

汉语教师应该有责任心。有责任心才会把工作放在心上，才会想方设法把课上好，才会为学生着想。接受了这份工作，就等于承担了这份责任。曾经有一个老师，上课常常迟到，每次跟学生都有不同的借口。甚至有次忘记了来上课，学生找到办公室，办公室打了一圈电话才找到她。最后这位缺乏责任心的老师被开除了。

汉语教师应该有耐心。留学生学习汉语是一个长期进步的过程，犯错误是不可避免的，有些错误还会常常犯，而且屡改屡犯，学生也容易急躁，失去控制，因此汉语教师更要有耐心。我们要多一点宽容，多一点理解，容许学生一点一点地进步，恨铁不成钢式的教育在许多时候只能适得其反。一方面要控制自己的脾气，不管面对的错误是多么地不可思议；另一方面要帮助学生克服急躁情绪，帮助他们树立信心。心急吃不了热豆腐。所以，如果你是急性子，改一改吧。我们发现一个有趣的现象，资深的汉语教师绝大部分都不是急性子，之前是急性子的人，当老师后也慢慢改变了。

汉语教师应该细心。千人千面，每个学生都是不同的个体，老师要细心，了解学生的差异，并根据学生的个体差异，如年龄、性格、学能、背景等调整教学方案，因材施教，教学要照顾不同学生的需要和要求。拿提问来说，容易的问题给差一些的学生，难的、有挑战性的问题给程度好的学生。如果你知道某个学生对某方面特别感兴趣，并且做了很多准备，那么一定就要让他“秀”一下。教师平时要细心，注意观察学生每天进步、情绪变化和课堂表现，发现问题及时给予疏导和鼓励。

除了责任心、耐心和细心，汉语教师还要有爱心、有诚心，对学生真心，对自己有信心等，总之，除了粗心、贪心，越多“心”越好。

此外，汉语老师应该是一个有“趣”的人。如果你歌唱得好，或者舞跳得好，而且喜欢热闹，那么你会很容易和学生打成一片。如果你性格开朗，喜欢运动，喜欢旅游，那么很容易和学生玩到一起；如果你喜欢时尚，你是时尚达人，那么你很容易和学生说到一起；如果你有一些才艺，比如太极拳、中国功夫、剪纸、编中国结、书法、篆刻，或者你有一些绝技，比如变个小魔术，那么你很容易被学生迷上。如果这些你都不行，你很幽默也不错，玩笑开得好也能让学生喜欢上你。如果你也不幽默，那么期待你在某方面有一个或几个特点，比如说话慢、喜欢说某个口头禅、发型比较有特点，等等。我们需要一些特点，不然学生没办法记住你，没办法给你起外号。如果这些你也没有，那么只好期待你长得比较帅了。

总结起来，要实现良好的师生关系，教师应该做的就是：1. 要做一个有“才”的人；2. 要做一个有“心”的人；3. 要做一个有“趣”的人。

（李先银）

Q：31. 课堂上哪些言行会影响师生关系？

A：某天的课上正在练习重点词“几乎”。安迪，那个孤傲但勤奋、汉语水平位居上游的学生造句说：“我的汉语几乎没有进步。”

老师有点儿发懵：多棒的句子！多伤人的话！

事实是，三个多月里老师付出了极大的心血，学生也付出了极大的努力，他们的汉语水平普遍有了相当大的进步，不止一个学生曾说过“我现在能用汉语和中国人聊天了”。而安迪的进步之快也是有目共睹的，可是他的句子把老师和他自己的辛苦全部抹杀了。老师觉得很伤心。

安迪不知道他的话伤害了老师，不知道老师也许会对他感到愤怒和失望，继而引发原本良好的师生关系的疏离甚至破裂。

当然这件事实际产生的后果没有那么严重，因为这位老师是位训练有素的优秀教师，知道如何调整心态化解矛盾，但这句话也一度成为她心中的一个结。

而另一个学生，从一开始就认定了他不需要学习汉字，只要学习听和说，他的作业都是拼音的。他也从不听老师关于汉字重要性的教导。事实上，固执的背后是他对汉字的畏难情绪，他觉得写汉字太难了，需要花的时间太多。某天的课间，老师看到他的练习本上有个不漂亮但相当工整的汉字（是当天的生词）。老师就说："你写的这个字真漂亮！太棒了！"那个学生又高兴又有点儿不好意思地说："真的吗？老师，谢谢！"老师又说："明天我还能看到这样漂亮的汉字吗？"学生犹豫了一下，说："能。"自此，学生开始对写汉字感兴趣了，在老师的鼓励和帮助下，他的汉语学习进入了一个新的提升阶段。

由此可以看出，在特定的环境中，老师和学生的生活怎样彼此缠绕在一起，我们的言行怎样以一种看不见的方式在伤害或帮助着对方，而我们言行的后果常常超出我们的想象。所以，本篇想简单地提醒你，在你站上讲台时，要知道什么样的言行可能带来不良后果，你应该极力避免这样的言行。

关于这个话题，我们的智慧和常识可以帮助我们解决一些基本问题，告诉我们哪些是该说能做的，哪些是不该说不能做的，但在课堂上面对外国学生时，还是有一些特别的地方需要引起我们注意。

从大的方面来说，基于中国传统的"师道尊严"的影响，有的老师可能会在外国学生面前端老师的架子，言行中会强调老师的尊严神圣不可侵犯。坦率地说，即便是在中国的大中小学里，这样的老师也不受欢迎了。学生喜欢平等民主的师生关系，喜欢能当朋友的老师。而外国学生个性张扬，他们对老师的尊重更是建立在彼此平等相互尊重的基础上的，端架子的言行只会引起他们的反感和对立。

所以要点就是，你希望别人怎么对待你，你就要怎么对待别人。这是个普适原则。对外国学生，你要牢记，他们的汉语水平低，所以课上你是老师；课下，你的班中常常是藏龙卧虎，不管年龄大小，他们在其他方面的水平也许会远远高于你，所以一定要学会在课下与他们平等相待，做他们的朋友。一切不利于保持这种关系的言行都要尽力避免。

在从事具体教学工作的时候，老师容易不经意地犯错误的地方非常多。这里举例说明几种容易出现的情况：

一是区别对待不同水平的学生。

一般来说，教师常常会轻视水平差的学生，忽视中等水平的学生，过分喜爱水平高的学生。教与学的双方都是有血有肉的各具特点具有丰富感情的人。老师是人，当然喜欢那些学习努力、头脑聪明、水平高的学生，不怎么喜欢那些水平差的学生。但是，别忘了学生也是人，无论汉语水平高低、进步快慢都希望能得到老师的关注、尊重和喜爱。

老师对高水平学生的过度关注可能会给他们造成心理负担。他们可能担心辜负老师的期望而把本已绷得很紧的弦绷得更紧，整日疲累不堪，这种后果可以想象。老师对中等水平学生的忽视可能导致他们感觉孤单、失望和对老师的不满。要知道，有实验证明，相对于优等生而言，老师对中等水平学生的期望的提高，会使他们在学业上取得更大的进步。反过来说，老师原有的低期望值和无期望值会极大地抑制他们学业上的提高。对水平差的学生的轻视无疑会伤害他们的自尊，自然要极力避免。

二是不当的评价或玩笑。

一个班的学生正在做讨论练习，话题是“理想的爱人”。一位德国学生说：“我绝对不会考虑异国婚姻，我一定要找一个和我一样的百分之百的德国白人女孩儿。”老师听到了，就开玩笑说：“你是不是一个白人至上主义者啊？”结果，那个学生很严肃地说：“老师，我不喜欢这样的玩笑。对德国人来说，这是个很过分的玩笑。”老师当时就向他道歉了，但是场面仍然很尴尬。

显然对这位老师来说，他理解的“白人至上主义者”只是指那些比较排外的白人，是一个没有什么特殊意思的名词。但对于有过希特勒种族屠杀的历史的德国人来说，这是个敏感甚至禁忌的字眼儿。这个玩笑伤害了这个德国学生。尽管老师道歉了，但显然这个玩笑对于彼此的关系仍然造成了损害，或许这个不当的玩笑造成了更深层面的伤害也未可知。

一位伦理学学者曾说：“尊重同类是浅显易行的，因为这在某种程度上就是尊重我们自己，但尊重差异就复杂了，像在面对外乡人或外国人时。”

我想这其中很重要的一个原因就是，无论是交往之初还是交往之中，彼此很难达到深度全面的了解，误伤就在所难免。除非你的知识储备和言语技巧达到了很高的水平，否则请切记：面对你的外国学生，无论是玩笑还是一般的聊天，尽量避免种族、宗教、政治及历史冲突这样的话题。

（张文联）

Q：32. 如何在短时间里让学生喜欢上你和你的课？

A：古人很懂得“爱屋及乌”的道理并能很好利用。创造良好的师生关系也可以利用这个道理，想让学生喜欢你，可以先让学生喜欢你的课，想让学生喜欢你的课，可以先让学生喜欢上你。如果学生喜欢你、喜欢你的课，甚至是你的“迷”，那么什么工作都是水到渠成。

我有很多深受学生欢迎的同事，虽然他们受欢迎的原因不完全一样，但他们拥有一些共同的特点，那就是：人有趣，课上得好，关心学生。做到了这三点，就能让学生在短时间里喜欢上你和你的课。

第一，使你的课有趣。都说兴趣是最好的老师，这话是没错的，要想让学生对你的课感兴趣，那么就要想方设法使你的课有趣。使你的课有趣可以在内容上做文章，也可以在形式上做文章。

1．使教学内容有趣。课堂教学的开展是以课本为依据的，如果你有选择权，那么选择一套好的教材会使你的教学事半功倍。一套好的教材具有编写思路清晰、课文选题丰富、语法安排合理、解释清楚等特点。如果这些不容易看出来，那么随便拿出来一课，试试设计一下怎么教，你就会发现这套教材好用不好用。如果你没有教材选择权，那么就持续地建议更换教材。如果连建议权也没有，那么就改造教材。删除陈旧的内容，更换学生感兴趣的、与学生有关的、紧随时代的内容。

2．使教学方式有趣。同样的教学内容，有的老师教得好，有的教得不好，为什么？方式的差别。同样是教声调，有老师把声调转换成五线谱上的音符，领着学生唱出来，虽然夸张，但是学生轻松记住了声调的曲直变化，并能体会到声调使汉语具有歌唱的美感。同样是领读，有的老师遍遍不同，有速度的不同，如慢速、中速、快速，有感情地读，也有挑战领读，合上书，关键时候让学生重复。有的老师把古诗吟诵的方式引入进来，带领学生诵读。这样每遍方式不同，要求不同，学生就会觉得有趣，不知不觉掌握了发音，同时也记住了内容。也有这样的老师，领读就是“跟我读一遍”、“跟我再读一遍”，“我们还读一遍”，没有一点变化，学生当然容易厌倦。教无定法，一个好的方法并不是任何时候，对任何班都是好的。

第二，使你的课容易。教学不应该是填鸭式的，硬逼着学生吃下去，而是应该给他们提供好吃、好看、易消化的“食品”，吸引他们自己吃下去。这里的“食品”就是教学内容，要教给学生的东西，就汉语教学来说，有拼音、汉字、生词、语法、课文等，有的内容很难，不好懂。有的内容很没有意思，学生不愿意学。那么老师的任务就是给学生提供“好吃、好看、易消化”的食品，使你的课容易，要做到：

1. 解释清楚、轻松易学。老师应该是一个有才的人，能够把复杂的问题说清楚，把难的问题说简单。这需要平时多思考，多积累。拿“把”字句来说，“把”字句是公认的重点和难点，“把”的语法意义、形式、种类、使用限制等，老师难讲，学生难学，偏误率高，回避使用现象明显。其实可以从表达出发讲“把”，解决一个根本的问题：什么时候用“把”。从学过的“变化”入手，引导学生发现当“S使B变化了”可以用“S把B+V变化了”。引导学生总结“位置变化：把书放在桌子上了；情况变化：把他打哭了；结果变化：把那本书翻译成英语”等类型。这样学生既知道什么时候用“把”，也理解了“‘把’字句为什么有结果，‘把’字句的宾语为什么是有定的”这些使用限制。学生掌握了什么时候用“把”字句，剩下的就是创设情境，让学生操练。

2．创设好的情景。很多人认为老师就是解释然后给几个例子，这是误解。解释有好的解释，也有越解释越糊涂的，同样，举例子也是很讲究的，不是随便给几个例子就行了，好的例子一定是典型情景下的典型用法。操练生词、操练语法，需要给学生提供好的情景，学生根据情景生成句子。好的情景要求尽量真实、自然。拿学生或老师自己的情况举例子是一个好的选择，既能激发学生的兴趣，又能让学生印象深刻。

第三，让你的课堂愉快。很多人都提倡“快乐学习”，一堂愉快的汉语课既可以让老师有成就感，也可以让学生学得轻松。但说起来容易做起来难，如何才能让你的课堂愉快呢？下面一些技巧很值得推荐。

1．提前到教室，与学生聊天，了解最近班上发生的事，掌握学生的个体情况，解答学生的问题，拉近与学生的感情。或者有意识地开展某个和课文有关系的话题，有目的地引出本课的一些词、一些句式和学生的一些问题，带领学生在轻松、不设防的状态下进入课堂。

2．多设计课堂互动、课堂游戏和课堂竞赛。课堂教学要贯彻“精讲多练”的原则，练的方式有很多，课堂互动、课堂游戏、课堂竞赛是非常不错的选择，既能活跃气氛，让学生学得轻松，愉快，又印象深刻，同时小组练习能提高开口率。比如学习方位词，有老师设计了“藏猴子”游戏：把学生分成几组，一组藏，一组猜，通过“问”（猴子在桌子下面吗？）来猜出东西藏在哪儿，用时最短的获胜。听老师一个人讲，可能会乏困、厌倦，但是学生们一起互动、做游戏、竞赛一定不会厌倦，所以要让学生“动”起来。

3．用幽默、玩笑和笑话调节课堂气氛。幽默和玩笑是最好的润滑剂。学生具备一定的汉语能力后就会尝试开玩笑，有时候也开老师的玩笑。如果老师能放下师道尊严，开学生的玩笑，效果是非常好的。根据班上学生的特点，和上课的内容，还可以安排一些相关的笑话做导入、串讲生词、复习、课后练习等。如教“看病”这一课，有老师安排了这样一个笑话。

有一个大学生，他病了，病得很厉害，他头疼、发烧、肚子也很疼。他决定去看医生，医生检查了以后，说他得了很严重的感冒，必须打针，这个大学生最怕打针了，可是没有办法。打针的时候，医生一直看，可是不打。大学生很紧张，问：“我的病要紧吗？”

医生说：“你的病不要紧，不过你该洗澡了。”

这样一个笑话，把这课的生词（下划线的是本课生词）、看病的大概流程都串起来了。利用笑话调节课堂气氛要选好时机，方式也可以灵活多变。

4. 激情。沉稳、一成不变会使人乏困，出其不意常常能收到意想不到的效果；变化，有激情的变化，能使你的课堂充满笑声。Crazy English令大家印象深刻，其实学习汉语也要crazy，老师先crazy，然后带着学生一起crazy。

课堂教学的最高境界就是“不知不觉”，整个流程进行得平滑顺畅，轻松愉快，学生“不知不觉”就开始上课了，不知不觉一节课就过去了，不知不觉就学会了，到宣布下课的时候，学生还意犹未尽的样子。

总结起来，让学生爱上你的课，良好的师生关系自己就会来。

（李先银）

Q：33. 如何对待不合作的学生？

A： 分班考试过后，一位被分在低级班的学生缠着老师坚决要求升班，理由是他是在香港长大的，认识很多汉字，完全可以在高级班学习，而这些话，他都是用英语说的，没有一句汉语。当老师要求他用汉语表达他的诉求同时证明他的汉语水平足够到高级班时，他也还是说不出一句完整的汉语，包括“我要换班”这样简单的句子。而任课老师发现他所谓的认识很多汉字，其实是，他见过很多汉字。

丹尼斯，在日本学过两年日语，汉字的优势和良好的自我学习能力使他在同班同学中出类拔萃，但常常在老师提问到他时，他都会微笑着向老师摆摆手，动作优雅、态度坚决地表示拒绝回答。

想必你也遇到过这样的学生吧？在我们的从教生涯中，你会遇到各种各样的，有时甚至可以用“奇怪”这个词来形容的学生。如何对待他们是我们必须面对和解决的问题。

当然，作为一名对外汉语教师，第一原则是要有热情、耐心和爱心，公平对待所有的学生。但，作为一名好老师，事实上在教学过程中，特别是遇到这些特殊类型的学生时，你要做的不是一视同仁而是区别对待。

我们现在就来讨论这些问题。

特殊的学生类型众多，应对策略和方法也会各种各样。但也仍然有一些共同的原则需要牢记：

首先要明确的一点是，在作为对外汉语教师的第一原则下，区别对待不同特殊类型的学生却也有着一个共同的解决问题的基础，就是要始终坚持和学生进行良好的沟通，也就是说你首先要尊重这些学生并具备良好的沟通能力和技巧，其中包括你的外语能力。在此基础上你才能做到有的放矢，各个击破，最终达到让师生关系良好，让班级气氛融洽，让学生不断进步的目标。

只有在此基础上，所有的策略和方法才是可行的，或者说，对新教师而言是可学习的，随后的讨论才将是有意义的。

上面第一个例子中的那个学生代表着第一种特殊类型的学生——那些在汉语学习上自我认识有偏差的。这类学生是我们经常会遇到的。

他们惯常的表现是自认为汉语水平很好，或某方面如汉字或口语很好，在学习初期热衷于换班，而不是抓紧时间从云端落到地面，认清目前的班其实就是最适合他的班级。目的未能达到后，在随后的学习中表现为浮躁、自负，不能踏实地听从老师的指导，汉语水平难以像其他同学那样稳步上升，若不能及时走上正轨就会被其他同学甩在后边。

对这类学生，在沟通过程中你会了解到他的优势在哪儿，劣势在哪儿，他所凭借的理由准确与否，然后，条分缕析地告诉他你的看法。在此过程中一定要体现出老师为他好，一切为他的进步而考虑的善意。适当的时候还可以出点儿难题，“打击”一下他的狂傲，或在他的短板上让他“出点儿丑”，这样可以让他比较清醒地认识到自己的真实水平，端正对自己的认识。当然，这样做的时候要注意把握好分寸，别伤了他们的自尊心。

第二个例子中的丹尼斯，代表了第二类——我行我素型。突出表现为在课堂练习或其他学习活动中不合作。

其实这类学生可分为很多小类。比如性格孤僻的、有学习障碍的、因某种原因而对课堂或老师有抵触情绪的、处于文化震荡中的，等等。首先通过良好的沟通弄清学生我行我素的原因何在，然后因人而异采用不同方法解决。

对性格孤僻的学生来说，他们比较沉默，但常常并不是不喜欢与人交往、合作，而是不知道怎么做好，或者说不知道怎么突破自己的心理障碍，所以鼓励是个较好的办法。此外，在小组活动中把他们分配在较为活跃的小组，最好这组的成员乐于并善于助人，这样让别的学生激发他们的参与意识。当他们明显表示出对小组活动的畏惧或拒绝时，别强迫他们，给他们单独布置适合他们的学习任务。当随着学生相互间的逐步熟悉，学生对老师的教学活动有了更多的了解，再逐步引导他们进行合作学习。当然如果你有丰富的心理学知识就更棒了，你会找到更便捷的方法来解决这个问题。

对有学习障碍的学生来说，首先搞清楚他们有什么样的学习障碍，是阅读障碍还是注意力难以集中。一般来说我们很难有能力去解决他们这方面的问题，这需要专业人士、专业方法以及足够的时间。但我们了解他们的情况后就可以避免误会和歧视，有助于方方面面的改进，比如师生关系，比如班级管理，比如教学活动的安排。曾有过一个学生，很聪明，但上课时总是处在一种云游的状态中，经常见到他的表情是眼望窗外，神情淡然。当课下提醒他时，他很歉意地说他会注意集中精力，可并不见明显好转。后来通过和他沟通，了解到他从小就很难做到长时间集中注意力，这是一种学习障碍。此后，在课上，老师常常在别人不注意时悄悄提醒他，唤回他云游窗外的注意力，特别是在讲练重点难点的时候。他很感谢老师这样的帮助，课后自己也很努力，取得了很好的学习效果。

还有一类特别喜欢较真的学生，他们由于种种原因，会在课堂上制造一些麻烦，影响课堂秩序。例如，有的学生年龄较小，还比较淘气，喜欢给老师捣蛋以显示自己很“英雄”；对某个汉语语法现象，教师的解释结果不像他期望的那样或是反复练习后仍然掌握不了时，有的学生会越来越急躁，甚至“愤然”起身，离开教室；有的学生好发问、争辩，会在课堂上固执地、喋喋不休地与教师谈论一个语法现象或一个话题，从而转移了全班同学的注意力，干扰了教学的正常进行。

面对这样的情况，教师最关键的就是要控制情绪，切忌发作。有这样行为的学生往往有教师不知道的特殊原因或背景，这时的教师需要冷静、果断、从容。对起身离去的学生，你不必加以阻止，你的声音要温和，并尽量保持原样："每个人都有情绪激动的时候，这也是可以理解的，但希望大家学会对自己的行为负责。"并向全班同学询问一下刚才有什么不妥的地方，这样可以表现出教师的民主平等与宽容。等再次与学生见面时，可以主动询问他是否还有不明白的地方。多数情况下学生平静下来后会主动道歉并承认错误的，而你所表现出的职业修养也会赢得其他学生的尊敬。

而对那些在课堂上固执地与教师探讨问题究竟的学生，也不能让学生看出你情绪波动的样子，要心平气和而坚定地告诉他们个别问题等到下课后再与教师探讨，无需再对此具体问题作出回应，然后恢复全班的学习秩序。

对于有抵触情绪的学生，首先要搞清楚产生抵触的原因，对症下药，基本就能解决问题了。

对处于文化震荡中的学生，要让学生明白：首先，文化没有高低贵贱之分。其次，在跨文化交际中，人们在接触异域文化的过程中一般都会经过文化震荡阶段，民族中心主义也是在所难免，但对目的语所承载的文化采用宽容、善意的态度将有助于对目的语的学习。我们要帮助他分析梳理对异域文化的经验和过程，使他明白自己正处于一个必然要经历的"异域文化反感期"，帮助他尽快走出震荡，进入正常状态。

（张文联、李小丽）

Q：34. 学生打死不开口或者开口就停不住，你怎么办？

A：几乎在每个班，你都会遇到性格内向、沉默是金型的学生，有的学生甚至恨不得打死都不开口，开口了你也听不见。这让老师，特别是口语课的老师很困扰。

这类学生不喜欢开口的表现和性格孤僻的学生有些相似，但并不完全相同。通常这类学生很乖，很听老师的话，但就是不喜欢开口说，无论是进行机械性操练还是自主生成练习，他们都更喜欢听和写，而不是开口说。通常在阅读理解及写作方面表现不错。这类学生以日韩学生居多，偶尔也有被父母管制过严的东南亚华裔。显然这主要是跟东方文化和他们习惯了传统的教学方式有关，也跟学习策略有关。

日韩学生，特别是日本学生，通常不喜欢在集体场合表现突出，不习惯成为众人瞩目的焦点，他们更喜欢默默地学习和进步。另外，他们更愿意利用汉字的优势（可惜很少是“会”利用）得到成就感和自我满足感、获得老师的认可，例如，在作业中利用词典写出一些非常有难度的句子（但通常他们并不能顺利地使用这些句子进行口头交际）；在课堂上勤于记笔记、查词典，而不是勤于开口和聆听；课堂练习时第一反应是写，而不是说，即使要说，也得先写下来或者查出来。而且通常他们的注意力会被那些词典中查出的难词所吸引，因而忽略了真正的要点。

例如，一个零起点的班级里，正在练习重点词“听说”和“应该”。老师的例句是：

A：听朋友说，烤鸭很好吃。

B：那我们应该去尝尝。

在别的同学进行成组练习的时候，一位日本学生猛查了一阵子词典，然后磕磕巴巴地说出了他的句子：“听总经理说，中国的经济很发达”。搭伴练习的同学目瞪口呆，不知如何反应，因为他根本听不懂。由于发音的问题，在说了两遍后，老师连猜带蒙地明白了他的句子，一时也无语。你得承认，这是个好句子。但是，这一个短短的句子中，有三个生词“总经理”、“经济”和“发达”。他自己通过词典知道了意思和用法，可是除了老师，全班没有一个人明白他在说什么。他的语伴只能困惑而又尴尬地笑笑。而就在第二天的复习中，当老师再用“听说”说句子时，他在下面困惑地默念“听说？听说？”——他听不懂“听说”是什么意思。

另外，很多学生对语言学习常常存在一个误区，认为理解了就是学会了。实际上，我们都知道，理解了并不等于能听懂和会说了。也就是说，听、说、读、写虽彼此联系却是各自不同的技能。他们在一段时间后也会意识到这点，但想要马上或彻底改变他们的学习方法和习惯还是很难。

老师要做的是：首先让他们明白一个道理，这个道理就是“理解了并不等于能听懂和会说了”。然后在练习中抓紧他们，适当逼迫他们开口。比如，及时提醒他们不要写，要说；要求使用学过的词语，而不是生词；在跟说练习时，让他们适当多重复；小组活动布置明确的个人任务，使每个人都必须开口。必要时制定相应的处罚措施，比如规定小组活动中开口少或不开口的同学，必须作为小组代表在检查和展示阶段向全班同学汇报等。同时及时表扬、鼓励他们的表现和进步。一段时间后，他们会发现自己的进步，尝到了甜头，就愿意开口了。

我们当然也会遇到和这一类型相反的，就是性格外向、爱表现的。

这类学生通常以欧美学生或欧美的华裔学生居多。性格外向对口语学习是个非常明显的优势，一般来说他们的口语能力也确实比较突出。但有些学生却太爱表现以至于有时成了自大的“语霸”，他们独霸课堂，使其他学生很难得到练习的机会。

对待这样的学生可以采用课下沟通提醒，课上适当“打压”的手段。有时他们是因为过于以自我为中心，忽略了他人的感受，通常经过提醒就会有所改观。有时是因为自己水平高，过于自大，有卖弄之意。这样的学生遇到些挫折也都会收敛许多。若遇到“屡教不改”的，可以在课下认真严肃地探讨一下他的行为对其他同学学习和老师教学的不利影响。也有老师采用了“送个紧箍咒戴着”的办法，命那位“语霸”为班长，并告知他班长的责任和义务是帮助老师和同学，要多听取别人的建议和意见。一旦他在课上表现过分，就提醒说：“班长，你应该听听别的同学的看法”或者“班长，帮助一下别的同学，给他们一个练习的机会”。这个办法也起到了一定的效果。当然了，这同样也得因人而异。

（张文联）

Q：35. 班里的学生年龄偏大怎么办？

A：“汉语热”不仅催生很多外国大中小学开设了汉语课，也燃起了很多中老年人学习汉语的热情。因此，我们会遇到一些年纪相当大的学习者“混”在低龄的学生之中。他们或者是已经退休了，出于对汉语或中国文化的兴趣而来；或者是想把握住机遇，在中国的飞速发展中拓展自己的事业；或者是因所在公司出于发展战略需要而派来接受汉语言文化培训的公司中高级管理人员。由此，我们也就面临着一些新的挑战。比如：

一个班一共14个学生，13个是20岁左右的，还有一个被同学们称为“马克爸爸”，因为他慈祥、和蔼、可亲，更因为他已经53岁了。平均每天20个左右的生词学习量，真的让他吃不消。当然，很快他就跟不上了。

还有一个班，共6个人，年纪最大的54岁，最小的49岁。常常出现的情况是头一天练得很不错的语言点，第二天复习时，发现大部分学生都说不上来了，已经学过、练过的语言点，仿佛是全新的。而当他们开口时，如果当时的重点在交流，你得很费神地去猜测他们表达的内容是什么；如果当时是在进行一般性课堂内容的练习，你也得很费力地去纠正他们——都是发音声调惹的祸。他们总是说，语音声调太难了；老师总觉得他们这方面的问题太多了，几乎每个调都不准，很多声韵母都有问题。

怎么办呢？

我们知道，年龄对语言学习是有影响的，但是到底有着怎样的影响呢？当我们面对这些“高龄”学生时，究竟该怎么做才能最大限度地帮到他们呢？

在语言教学界，一直有关于“语言学习关键期”（或称“临界期”）的研究。有的学者认为语言学习存在一个最佳时期，过了这个最佳时期学习语言就变得很费劲，本族语口音难以克服。有学者持反对态度，认为儿童学语言并不是真如我们想象的那么容易。就发音而言，到底是儿童学得好，还是成年人学得好也有争议，存在支持的例证，也存在反例。

总之，到现在还没有最终的定论，但研究者们至少已经达成了一个共识，就是语言学习中年龄效应确实存在。所谓的年龄效应就是年龄对语言学习的影响。一般而言，随着年龄的增加，语言学习能力逐渐降低；从终极状态的角度来看，儿童是最好的语言学习者。但这并不意味着年龄大的人在学习过程中不能渐次提高。事实上，很多年纪很大的学习者，都能稳步地提高自己的语言水平，特别是在有指导的情况下，不少50岁左右的学习者都能在单位时间内达到相当好的水平，能满足生活、学习，甚至是工作方面的需要。关键是教师要怎么样去切合实际地帮助他们。

怎样达到这个目标呢？至少可以从以下几个方面着手：

了解并理解他们的现状：他们不处于最佳或较佳的学习年龄，常常由于记忆力衰退等原因，导致储存有限、所学回生（学过、掌握了的东西又忘了，变得生疏了）、检索困难，因而在学习过程中常常表现为反应迟缓、进步缓慢。但是他们有清楚的学习目的、强烈的学习动机、丰厚的知识背景和人生阅历；有善于分析和归纳的能力；有表达的愿望，而且有话可说。

当你清楚地知道并记住了这些，你才能做到耐心细致地去指导他们。而耐心细致是他们非常需要的，是你应对此类挑战的前提。比如，当他们在复习时表现很差，以前学过的东西好像全都又还给了老师时，千万别急。你的宽容平和，会让他们感觉放松，而这有利于学习。别担心他们会过度放松，他们都具有非常好的自我管理能力，所以教他们时，你完全不必像教孩子那样语重心长、反复叮咛、谆谆教导。当他们发音一塌糊涂时，再强调一下发音要领，要求他们反复练习直到形成肌肉记忆。与此同时再次告诉他们语音习惯的养成是需要时间的，以缓解他们的过度焦虑。你的耐心会是他们取得进步的很好的助推器。

其次，根据他们的优势和弱点，扬长避短。有针对性地制定你的教学方法和策略，帮助、支持他们找到合适的学习方法。

如前所述的“马克爸爸”，在咬牙坚持了半个月后，终于坚持不了了。他决定要有所改变，找到一个适合自己的方式来学习。同时，老师也在想办法。他们对此进行了讨论。马克分析了自己的长处，认为他善于归纳分析，长于理解，但记忆力不及年轻人，所以每天大量需要记忆的东西使他负担过重，无法消化。而且，课堂所学部分内容与他的需求不符，因为他最想学与做生意相关的东西。最后，他决定放弃在课堂上和孩子辈儿的同学们拼体力和记忆力，在辅导和语伴的帮助下自己学习。但他需要老师帮助他解决辅导和语伴解决不了的问题，比如对语言点的解释和练习。老师支持了他的选择，并每周三次对他进行补充性辅导。效果甚佳。

最后，别忘了及时对他们的学习情况进行总结并与他们交流，他们很乐意听到老师的评价和建议并会积极接纳改正。当然你也会听到他们对你的很好的建议。师生互动，教学相长，这也是我们所喜闻乐见的。

如果我们能扬长避短，我们就会发现，教年纪大的学生学汉语，其实并不比教年纪轻的学生更困难。

（张文联）

Q：36. 遇到反应慢的学生怎么办？

A：课堂上，老师领读完了生词，然后要求学生们齐读生词："同学们，现在你们读，老师听。好，开始。"

"好，开始。"在大家都开始读第一个生词时，却有一个学生重复着老师的话，混沌盲目地重复。这已经不是第一次了。课堂上有的学生大笑，有的学生厌烦地怒视他。而他似乎才反应过来，老师不是在领读生词或句子，老师的话不是例句，不需要重复。

这已是开学的第三周了，每天4小时密集的讲练，很多学生已经能听懂老师的课堂用语，并且能够同老师进行简单的对话了。可是这个学生还是处在一片懵懂中，一天又一天，重复犯着同样的错误，汉语水平跟三周前几乎没有什么不同。

你看，这就是我们在教学过程中常常不可避免地会遇到的一类学生——反应慢、进步慢的学生。

一般来说他们这样的表现可能是由两方面原因造成的。第一，语言学能差；第二，学习方法不当。

虽然习得语言的能力是人类普遍具有的认知特征（几乎所有人都能掌握自己的母语），但无论是学者的研究还是语言教学的实践经验都证明，并非任何人都适于学习外语。语言学习能力的差异是客观存在的。可并非任何学习者对此都有清楚的认识，因此，在教学中，我们难免会遇到语言学能差的学生，就像上例中的那位。

语言学习能力并不是人们一般理解的学习能力，而是指学外语所需要的认知素质。有学者将其分为语言解码编码能力（这是对语音进行编码和解码并吸收它，使之长期保持在记忆中的能力，它在外语学习中占有很重要的位置）、语言敏感性（它指对母语语法功能的识别能力）、强记能力（它指能记住大量材料的能力）和语言学习的归纳能力（它指从语言原始数据中归纳语言句型的能力）。由于这些能力的差异，有些人，无论年龄大小都不适合学习外语。

简单的例子就是，比如学习语音时，有些学习者非常善于模仿，有的就觉得非常困难。即使老师有丰富的教学经验，让他明白了发音方法，知道了发音部位，也是枉然。

那么是不是语言学能差的人就无药可救了，我们就该放弃呢？也不然。有的学者就认为学能能够得到一定程度的改善。如上所说，学能是由不同能力组成的，每个人不同程度地具备这些能力。所以，我们得沉下心来，耐心地对待那些学能差的学生，仔细地观察发现他们的长处，鼓励他们哪怕十分细微的进步，最终让他们在原有的水平上有所提高。这就是我们的胜利。

语言学习不同于一般的技能学习，它需要学习者具备一定的语言学习能力，更需要学习者在学习过程中尽快找到适合自己的学习方法。不同学习能力的学生有不同的学习方法，因此，我们在对待学习方法不当的学生时，应鼓励他们多和学习比较成功的同学交流，尽量学习成功者的学习方法。鼓励他们不断尝试，提醒他们及时总结，最终找出适合自己的好方法。

一般我们在教学过程中很自然地就进行了一些粗略的学习方法的指导，比如每课的热身环节、布置作业环节和平时的课堂管理中，就体现了课前预习、课上专心听讲、积极练习、课下及时复习等常用的学习方法，但这些对那些学习方法不当的学生还不够，别忘了他们在学习汉语这门公认难学的语言。

还有一些年龄较小的学生是因为缺乏良好的自我管理能力、无法合理安排时间从而导致进步慢。这也可粗略地归入学习方法不当一类。

现在有很多十七八岁的汉语学习者，其中很多人还缺乏良好的自我管理能力，特别是来华留学后，脱离了父母的管控，一时就自由得没了边儿。

比如，笔者的一个学生，十七岁。开学初的一段时间几乎每天上课都会打瞌睡；大部分问题都是一问三不知；交来的作业你看得出是在半睡眠状态中写的。问他，他说每天他都学习到四五点才睡。我闻听之后又感动又疑惑，那怎么还一问三不知呢？通过别的途径，我了解到，原来他并不是睡觉之前都在学习，而是打电脑游戏或者在酒吧跟朋友玩，直到凌晨才会想起来要做作业，于是才困倦不堪地学一会儿，然后八点到了教室以后继续补觉。

对这样的学生，坦率地说，你得扮演父母的角色，担当起教育和管理的责任。否则，他绝对会成为班上进步最慢的学生，甚至是根本不会进步。而这只是因为他缺乏自我管理能力，并不是学能差造成的，最终老师会觉得可惜，他也会后悔。所以我就帮助他安排他的时间，制定详细的时间表和学习计划，在他玩的时间之外挤出足够的学习时间和睡眠时间并监督他执行，一段时间后情况就有所改观了。

一个班级中有几个慢的学生对老师来说是种考验和挑战。别轻言放弃。如果你能尽全力而为，你就会看到成效。那种成就感也是超爽的。

最后要说的一点是，在整个教学过程中，不管教学管理机构采用什么方式来评价你的学生，你，作为他们的老师，一定要对他们采用形成性评价手段。也就是说注重学习过程的检查，对他们的学习进行纵向的比较，让他们看到他们在每个阶段的进步或变化并得到你的正面评价。这对那些慢的学生非常有帮助，对你也是。

连续三篇我们都讨论了怎么对待一些特殊类型的学生，但世界上没有两片完全相同的树叶，也没有完全相同的两个人。所以对待各种各样的学生还需我们灵活机动，具体问题具体分析处理。以上所说也就难免粗疏、挂一漏万。但我们相信，无论面对什么样的学生，如果你表现出了你的爱心、热心和良好的教学能力，不仅能够赢得尊重和爱戴，而且能有效地消除矛盾冲突，最终达到师生的良性互动，顺利实现教学目标。

（张文联）

Q：37. 怎样批评学生？

A：人都是会犯错误的，学生也一样。当学生犯了错误，教师不能放任不管，有权对学生的不当行为提出批评。批评是一种复杂的教育活动，应该遵循一定的教育规则和程序，讲究一定的原则：（1）批评是一门艺术，要讲究方式，不能为了批评而批评，它的目的是帮助学生改正错误。（2）批评应该有针对性，针对错误的不同性质、程度以及不同的人有区别性地对待。（3）批评要刚柔相济、灵活适度。严重的错误要严厉批评，较轻的错误要温和批评，批评时注意学生的情感情绪变化，适时调整批评的策略，以变应变。

要获得良好的批评效果，下面的一些情况是应该尽量避免的。

1. 尽量避免直接批评学生

比起直接的批评，提示性批评、暗示性批评或者希望性批评更能照顾到学生的自尊心，有时候能起到更好的效果。这是一种含而不露、柔中带刚的批评，对待学生的一些小错误，是非常有效的。如果学生的错误不是严重的，而是过失或小错误，尽量避免直接批评学生。

学生在课堂上玩手机是常见的情况，比如发短信或者玩游戏，甚至打电话。这时候教师可以走到他的身边，用手轻轻地点一下他的桌子，学生一般能意识到自己的错误，把手机收起来。学生在课堂上说小话也是其常犯的错误，这时候教师可以故意停下来一段时间，造成一个教室静默期，当学生意识到静默就能意识到自己的错误并积极改正，不需要特别去批评。

在教室里吃东西，如吃早饭，吃水果，西方国家的学生比较常见，如果是偶犯，教师可以利用走动的机会，私下告诉这个学生：上课不允许吃东西，这是学校的规定。然后课下再跟学生沟通：课堂上吃东西一是规定不允许，二是在中国的文化里，课堂上吃东西不礼貌，对老师和别的同学不尊重。争取学生的理解和配合，批评能取得很好的效果。

2. 尽量避免当着众人面激烈批评学生

我们的学生无论是成人还是未成年人，都有强烈的自尊心，有些学生处于20岁左右的年龄，年轻气盛，有逆反心理，当众的激烈批评可能引起意想不到的反叛、反弹，或者对抗，造成难以下台的场面，甚至难以收场。因此教师要避免当着众人面激烈批评学生。教师可以尝试先表扬学生的某个方面，然后再批评另一方面，语气温和，有理有据，学生比较容易接受。

3．批评要对事不对人，避免一棍子打死

没有不成功的学生，只有不成功的教学。教师不能因为学生犯了错误，或者屡教不改，就厌恶他，不给他改正的机会，或者直接放弃他，从此对他不闻不问。有这样一个例子。

某班有一个俄裔刚果男生，和一个埃塞俄比亚女生，特别调皮。他们坐在一起，上课时有的时候吃东西，有的时候说话，有的时候甚至打闹，你打我一下，我推你一下。开始的时候老师停下来看着他们，他们意识到后会停下来听讲，但一会又开始说话打闹。老师直接命令他们不要说话，但一会又是老样子。更离谱的是，有一天该男生带来了一副扑克，上课的时候和女生一起玩。老师把他的扑克“借走”了，两个学生又开始说话打闹，好像不是在课堂里。老师非常生气，甚至一度想把两个学生赶出教室。冷静下来，老师没有放弃，私下跟学生沟通，发现原因有两个：一、学生觉得课堂教学内容容易，不用努力学，二、年纪小，管不住自己。征得学生的同意，老师把两个学生分开了坐，微调了教学计划，补充了一些内容，增加了难度，调整了教学方法，增加了更多的互动。这样，两个学生慢慢改正了缺点。

4．切忌侮辱性的批评

对学生的批评应当注意采用合适的用词和语气，平等的商讨式的批评学生更易于接受。切忌言语粗暴，态度粗暴，不要过分责难或者辱骂学生。批评可以用幽默诙谐的语言，巧妙地指出学生的错误，启发学生改正。多采取希望式批评，以理服人，针对学生的情况，和学生商讨一起树立一个目标，一起督促改正。

我们教学的对象是留学生，他们来自不同的文化背景，有着不同的行为习惯，他们都是成人，下面介绍一下留学生常犯的错误和主要批评方式。

1．上课玩手机，发短信，玩游戏，打电话。应对：为了避免学生课堂上用手机，在第一次课教师应该向学生讲清楚课堂不能使用手机的规定，可以在前几次课开始的时候，教师带着学生一起把手机关闭，这样学生能更早地了解你的课堂要求。如果还有人用手机，可以提示或暗示他不要再玩。如果屡次不改，教师可以临时设计教学环节把学生的手机“借用”过来，然后课下与学生沟通，批评他上课不应该用手机。

2．上课吃东西，以西方学生居多。应对：教师应该提前讲清楚规定，发现这种情况，可以提示或示意他下课后再吃，如临时设计某个句子提醒该学生。

3．学生在教室里用母语交谈。应对：可以用幽默的方式，如表扬学生“你们的日语说得真好”“我好像在外国”等，然后提出明确的要求：教室里尽量说汉语，也可以和学生商量一些惩戒错误，比如罚款，但一定要全体学生认同。

4．迟到。应对：教师可以提前要求学生不要迟到，并商量一些惩戒措施，如增加作业，做一个表演，学一种动物的叫声，等等。也可以幽默地提出批评，如：“你的闹钟坏了吧。”

5．不做作业或没做作业。应对：首先要问清楚原因，并适当批评，最后要求学生补做。如果学生只是偶尔一次没交作业，也可以幽默一下，“你的作业被小狗吃了吧？”或者提出希望，“我希望看到你的作业”。

6．在课堂上聊天。如果是一次两次，老师可以提示、暗示他，如果是屡教不改，那么就应该私下批评，指出错误，提出希望和要求。

总结起来，批评是一门艺术，要做到适事、适人、适时、适度、适理、适情。

（李先银）

Q：38. 如何对待学生的建议和批评？

A：老师和学生打交道面对的是各种各样性格、各种各样背景的学生，一千个人有一千个哈姆雷特，一千个学生也会有一千种看法，因此老师要学会面对各种各样的学生，各种各样的情况，要学会面对表扬、称赞，也要学会面对学生的抱怨、批评，甚至投诉。

那么怎么对待学生抱怨、批评和投诉呢？我们的原则是“区别对待”，首先要看批评是否有根据有道理，其次要看学生批评的对象是谁，自己，还是其他同事；最后也要看是善意的批评还是恶意的挑衅等。

一、对自己的批评

学生来自不同的文化背景，行为习惯不同，看法也不同。在某些文化里，学生有权利对老师提出批评和建议，学生也习惯这样做。因此作为国际汉语教师，有可能会遇到学生对我们的批评。

学生的批评可能表现为面对面的直接批评，但一般来说，直接面对面的尖锐批评比较少见，更多地表现为建议，比如学生提出“我觉得老师应该……”“老师能不能……”之类的。学生也有可能到学校有关部门或向你的上级领导投诉你。曾经有名日本学生跑到办公室，投诉一名新教师语法讲得太少了，希望课堂上能多讲语法。也有学生去办公室投诉他们的老师经常迟到。还有学生投诉老师上课说外语（通常是英语）太多了。

对待学生的批评和建议，无论是直接的，还是间接的，我们的态度是“有则改之，无则加勉”，始终抱着一种宽容的态度，要知道被学生批评或投诉不一定就说明你错了，一定不要因为学生的建议和批评影响了自己的情绪和积极性，甚至怀疑自己的教学方法和思路。正确的做法是：

1．与提出批评的学生进行深入的沟通，了解他的真实想法，特别是他提出批评的理由。

2．思考学生的批评是不是有道理的。可以把批评或建议提给全班同学，征求全班同学的意见，确定这个批评或建议是个人的，还是普遍的要求。也可以跟其他老师讨论，确定学生的批评和建议是否有道理。如果学生的批评和建议是有道理的，那么我们就应该改正，对教学设计做出一定的调整，以满足学生的要求。能听进去批评和建议，做一个大度的老师，是赢得学生尊重的一个方面。

即使学生的批评没有道理，学生的建议不合理，不可能实施，那么也应该跟学生沟通，做一些必要的解释。拿上述日本学生的建议来说，可以告诉他教学方法现在进步了，语法很重要，但是听说能力更重要。如果学生在语法上有什么问题，欢迎随时问老师。

中途接替别的老师上课的情况更应该注意，这时候学生常常会提出很多建议和要求，因为他们已经习惯了前边老师的教法，一时难以适应你的方式，他们希望你也像前边的老师一样做。有些要求和建议可以做到，有的不可能，那么这时候你更应该向学生解释清楚：每位老师上课的方法是不一样的，争取学生的理解和配合。

3．对学生的批评和建议进行后续的思考和研究。比如反思一下自己的教学方案是不是最合适的，对教学是不是最有利的，还有没有更好的办法。也可以试着站在学生的立场上，把自己看做学生，思考类似的问题，可能发现更好的办法或方法，对我们教学水平的提高也会有一定的好处。换一个角度思考问题，有时候会有意外的收获。

对待学生的批评和建议，最忌讳的是以粗暴的态度和方式拒绝学生的任何建议和批评，甚至报复、打压学生，比如说冷处理学生，不问他问题，不给他笑脸，不要他作业，给他很差的成绩，等等，这些是绝对不允许的。

二、对其他老师的批评和建议

有时候教师还会遇到学生向你投诉或者批评其他老师的情况，这时候我们要特别谨慎，不要随便附和学生的批评，也不要随便发表意见，正确的做法是：首先与学生进行沟通，了解学生的真实想法和理由；其次，如果可能，最好能替同事做点解释，遮挡一下；最后私下找同事沟通，既提出学生的问题，也了解同事的情况，弄清楚到底是怎么回事，如果有必要，不妨和同事一起商量怎么应对和处理。

总之，对待学生的批评一要宽容，二要区别对待，“有则改之、无则加勉”，三要思考，既要了解学生，也要提高自己。

（李先银）

Q：39. 如何接受或拒绝学生的特殊邀请或请求？

A：知道吗？年轻老师虽然不如老教师有教学经验，但常常他们比老教师更受学生的欢迎。

为什么呢？很简单，因为年轻老师更容易像朋友那样和学生相处，更常参与学生们的课外活动，比如一起吃饭或者去K歌。就像现在的高中学生更喜欢能和他们一起在操场上打篮球，一起在电脑上打电游的“麻辣老师”一样。也就是说，年轻老师更容易走进他们的世界，更容易和学生打成一片。

学生喜欢老师时常常也会对老师提出很多特殊的要求，比如：抵抗不了外面的春光明媚、鲜花绿草的诱惑，上着上着课，就说："老师，我们去外边上课吧。"或者"老师，我们学唱歌吧。""老师，我们早一点下课吧。"

有的老师为了制止学生的迟到现象规定了迟到就罚唱歌或跳舞，学生可能就起哄说："老师，你给我们唱个歌吧。"或者"跳个舞吧。"

那么，面对这样的请求，该不该顺应学生，来者不拒呢？

正确的做法是：具体情况具体分析。

比如，学生要去外面上课。如果学校对此方面的管理相当严格，那么无疑你是要拒绝的，但可以找其他的可利用的时间或课余时间和学生们一起去欣赏一下美丽的自然。如果学校的管理相对宽松，可以选择合适的时间，在自然环境里上一堂别开生面的汉语课，前提条件是不会影响到其他人、其他班。

如果学生确实学累了，想稍微休息一下，要求学习唱歌或起哄老师唱歌跳舞，那么完全可以满足一下他们的愿望，多才多艺的老师永远是有学生"粉丝"的。再说，学唱汉语歌也是一种学习汉语的办法啊，所以教他们唱唱歌，既让学生得到了适当的休息，也调节了课堂气氛，同时也没浪费时间。有的老师可能在唱歌跳舞上缺乏天分，那么你可以转移话题，改变活动内容，比如讲个小故事，变个小魔术或玩个小游戏什么的都可以。当然这些活动最好是与学习汉语有关的。

如果学生是在老师宣布班规时（比如前边说到的，为了制止学生迟到而规定迟到者必须唱歌或跳舞），起哄老师唱歌跳舞，就当然要拒绝。因为那是作为迟到的惩罚措施。当然如果你不幸迟到了，你就得以身作则跳一个舞了。

课下，你也可能会受到一些特殊的邀请，比如学生请你去酒吧或夜店，或者请你参加他的生日晚会，或者是请你吃饭等。

一般我们不提倡老师和学生一起去酒吧、夜店之类的场合，除非你和邀请你的学生私人关系非常好，私下里你们可以共同出入此等场合，并且你有信心这不会对你们以及对其他同学的关系造成困扰。

如果是参加学生的生日晚会，也看晚会的时间以及地点是否合适。生日礼物是必备的，但是否一定亲自出席，待了解了具体情况后再做定夺吧。

那么一般受邀和某个学生一起吃饭，要注意什么呢？

有一次，一个学生在饭馆看到了他的老师。第二天他和老师说起这件事，老师说她是和一个以前的学生吃饭。这个学生问老师一起吃饭的是哪国人，是谁付饭钱。老师就说那个学生是美国人，是他请客。这个学生就坏坏地笑着说，那个学生喜欢老师！因为一般美国人会AA制，对喜欢的人才会主动请客。老师没想到会是这样，一下子被弄了个大红脸。而后来事实证明，那个请客的学生真的喜欢他的老师。

所以，一般情况下，某个学生请你吃饭或喝酒，除了了解所去场合外，最好也先了解一下付费方式和学生的目的：是学生请客还是采用AA制？请客的话是否有合理的理由或特别的意味？毕竟你的学生是外国人，最好不要因为付费的问题或一顿饭造成误会。

受邀喝酒的话，无论是几个人一起，都一定控制好自己，不要过量。酒后失态，是任何时候、在任何人面前都该避免的，过去外事部门曾有这样的规定——饮酒不要超过自己酒量的三分之一，我们虽然不是外交人员，但我们跟学生之间毕竟是跨文化交际，用这个标准要求自己，还是很必要的。

和学生一起K歌，是很好的拉近师生距离、融洽师生感情的方式，如果你的歌喉不错，就去吧。当然K歌之后的夜店或酒吧小酌之类的后续活动最好还是免了吧。

另外，关于如何接受学生的礼物的问题，在“跨文化交际篇”中，我们已经讲过有哪些礼物是老师不能接受的，下面讲一讲在哪些情况下，即使是“不违禁”的礼物，教师也不宜接受。例如以下两种情境：

第一，在课间休息时，学生出于客气给你的，如学生的早餐。很多学生不吃或来不及吃早饭，而在课间休息时才吃些包子、汉堡、面包、水果等。一般日韩学生和东南亚的华裔学生都会客气地分给老师，但你最好拒绝。理由可以是“不饿，吃过了，手脏”等。但如果是随便吃的零食，如小饼干、糖块什么的，你可以尝一点儿，这也是联络师生感情的小技巧。

第二，有特殊含义的礼物或者贵重礼物。比如某个学生过分关爱你，给你准备的加餐；某个学生爱上了你，送给你的首饰或香水什么的。接受礼物就等于接受了他/她的感情，这需要你慎重考虑。学生送贵重礼物一般都是有所求的，或许不是出于爱，但你要考虑是否能承受得起和还得起。

总之，无论课上课下，作为老师，应对学生的请求或邀请有个清醒的判断：他们的请求合理与否、邀请可行与否，然后再决定具体该怎么做。合理可行就热情大方地接受；无理、不可行就礼貌坚决地说“不”。不要迁就学生，也不要动辄拒他们于千里之外，要既和他们打成一片又不失老师的尊严。拿捏好这个度不是太容易，但你一定得这么做。

（张文联）

Q：40. 如何应对各种尴尬情况？

A：尴尬是每个人都会遇到的情况，很多尴尬是不可预测的，我们能做的就是学会随机应变，想办法应对、化解尴尬，特别是那些突发性的尴尬。

课堂教学也会遇到一些尴尬情况，一类尴尬是老师方面的原因引起的，比如打嗝、身体发出不雅的声音（如肚子饿得咕咕叫）、打喷嚏、衣服系错了扣子、裤子忘了拉上拉链、拿错了书、忘了带作业本或者事先安排好要给学生的材料，等等。另一类尴尬是学生方面的原因引起的，如被学生的问题问住了、刚讲完某个语法学生提出了一个反例、学生指出你讲的和别的老师讲的不一样，等等。无论是哪方面的原因引起的尴尬，最后都需要老师来应对。

对于尴尬，最重要的是防止它的发生，这需要我们养成良好的生活习惯和工作习惯。比如为了防止肚子饿得咕咕叫，早上一定要吃早饭；为了避免打嗝等，就要少吃容易产生气体的食物；为了防止系错扣子、忘拉拉链，要养成进教室前正衣冠的好习惯。为了防止拿错书、记错上课进度、忘带本子或材料等，要养成做教学记录或记教学日记的好习惯，每次课后简单记录课堂情况、学生表现、存在的问题、教学进度、总结使用的好方法，等等。

很多尴尬是因为“太匆忙”导致的“忙中出错”，所以养成“提前准备好”的习惯是非常重要的，比如早一点备好课、早一点收拾好书包、早一点到教室，等等。养成良好的习惯会受益终生。

即使这样，尴尬的事情还可能会发生。应对尴尬没有标准的程序和方法，最重要的是随机应变，一定要灵活，要针对不同的情况、不同特点的学生，采用不同的方法。下面介绍的方法是常常用到的。

1. 忽视它，当它没发生。如果学生没注意到，或只有几个学生注意到了，不必声张出来，悄悄改过来就行了。比如偶尔打嗝、系错了扣子、忘拉拉链等。

2. 遮掩法。如果打嗝或者肚子咕咕叫，可以调整气息和说话声音与节奏盖住咕咕叫的声音。如果拿错了书，可以临时改变教学安排和方法，比如某课的教学内容是生词与语法点，那么可以调整为先教语法后教生词，在课间的时间去办公室找书。如果教学内容是生词，可以改变生词教学方法，比如让学生在黑板上写出生词，然后进行生词领读、讲练等。如果本课处理课文，可以改成先说课文，课间去找书，或者让学生读课文，你悄悄记下来；也可以让学生读课文，你提问题，然后让学生复述。一般来说，遮掩法在低班比较容易实现。如果没办法遮掩，真诚地道歉后找学生借本书也是好的选择。

3．“拖”字诀。如果被学生的问题问住了，切记不要胡乱解释，可以想办法“拖”一下，争取更多的时间思考，比如对学生说“下课以后再说”、“这个问题比较复杂，以后我们会学到”、“今天没有时间，我们明天再说”，等等。注意“拖”不是应付，之后一定要说到做到，可以查资料、向专家请教，弄明白了再向学生解释清楚，以免让学生对你失去信任。如果学生指出你教的和别的老师教的不一样，先不要着急下结论说谁的是错误的，更不可贬低别的老师，即使他真的错了。可以向学生了解更多情况，然后私下找那个老师沟通，共同商量处理；也可以帮着打圆场，告诉学生这可能是学术观点的不同。

为了避免被学生问住，老师应该掌握多方面的知识，如语言理论知识、汉语知识、中国历史和文化知识、百科知识等。

4．将计就计法。“把课上活”是课堂教学追求的高境界，就是能把学生情况、课堂情景运用到教学中去，尴尬也有利用价值。比如某个学生问的难题，我们可以反问给全班学生思考，然后留成作业第二天讨论处理。也可以把尴尬引入到当时的教学内容中去，如系错了扣子可以让学生用“把”字句说出来（老师把扣子系错了），肚子咕咕叫可以让学生练习“饿死了”、“饿极了”等。

5．幽默法。应对尴尬，幽默和开玩笑是值得推荐的好方法，比如忘带学生的作业或材料，可以说“你们的作业做得太好了，被我家的小狗吃了”，记高了进度可以说“我以为你们的汉语水平已经很高了”、“我太着急了，我希望你们一天就能学好汉语”。用幽默法的前提是：你是一个喜欢开玩笑的人，学生也喜欢或者习惯了你经常开玩笑，不然的话最好不要用。

6．道歉。任何时候，真诚的道歉都会得到学生的谅解，因为学生知道，尴尬谁都会遇到，只是同样的事情不要多次发生在你身上，因为那已经变成错误了。

另外，每个教师在自己的教学过程中，多多少少都会遇到一些课堂突发事件，这些问题会影响课堂教学的连贯性，同时，也会令教师非常尴尬，教师最常用的方法就是低姿态地控制课堂，这是一种能够在不破坏课堂正常进行的情况下处理突发事件的课堂处理策略。

最常见的是，上课时间到了，你因不熟悉教学设备而手忙脚乱，怎么办？

最好的方法是提前熟悉教室的具体位置和总体环境，比如在哪座教学楼，几层等，如果能在课前实地“考察”一下更好，至少第一天上课应提前足够的时间到教室。所谓教室内的总体环境，指教室的布局、学生的座位分布、教学设备和卫生状况等。这些硬件环境对学习和教学质量有着显著的影响。

对教师来说，不熟悉或不会使用教学设备，在课堂上造成的后果是可想而知的。比如，没有粉笔、板擦，找不着插座；投影仪不亮；准备好的教学课件（PPT）无法使用；播放的录像、录音模糊不清，还多次被学生的询问打断：“老师，看不见。”“老师，声音不清楚。”此时，你还得一次次停下手头的工作回答他们的问题。这一切会让你变得焦躁不安，而这种紧张的情绪会影响到学生，进而对课堂上的师生关系也会产生负面影响。

所以，教师应提前熟悉教室环境，包括设备管理人员的办公场所、联系方式等，并掌握教学设备的使用方法，不会使用需提前参加设备使用培训。如果某次上课遇到了意想不到的情况，打不开或开启无画面或声音，你也要保持镇静，可以先让学生分组检查作业或者布置练习（读课文、思考问题等），然后立即通知有关人员进行处理。

虽然我们对教室的硬件环境不能做太多的改动，但明确教室硬件环境对教学的重要性，并创造条件使每次上课都组织有序，有条不紊，让自己的教学风格对有效教学产生积极的影响，这是我们应当做到的。

面对尴尬及突发事件，总结起来，就是两句话：一、养成良好的生活和工作习惯，很多尴尬可以避免。二、一旦遇到尴尬的情况，随机应变最重要。

（李先银、李小丽）

Q：41. 如果学生爱上了你，该怎么办？

A：“天哪！他/她是在向我示爱吗？”

是的，别惊讶，这一幕很可能会发生在你任教的某一刻——你的老外学生爱上了你。

比如，一位女学生爱上了她年轻帅气的男老师，就利用课堂造句练习的机会说：“我爱老师”、“我爱你”。听课时眼睛直勾勾地盯着老师，而交上来的作业简直就是情书。

还有一位男学生爱上了他的女老师，新年联欢会时，当同学们以各自的方式向老师表达感谢时，这位男生在众人面前给这位女老师送上了一大捧红玫瑰。

还有位学生示爱的方式是每次在老师的讲桌上偷偷放一块巧克力，课下偷偷帮助老师擦车。

这年代，师生恋似乎也算是司空见惯的，但通常学生对老师的爱恋，更多的是心理学上所谓的“移情”，是学生把对老师的崇拜、仰慕、喜欢，甚或是把老师对其的关爱、鼓励想象成了爱情。老外学生爱上了自己的中文老师还可能是由于对中华文化的兴趣而“移情”。这种师生恋常常是单向的，是一种“单相思”。

遇到这种情况你该怎么办呢？

以上的三个故事中，学生实际上都采用了暗示的办法向老师表达自己的爱意——虽然暗示得相当明显，近乎是明示了，但是学生没有明白地说出来，这就给了老师很大的回旋余地。遇到这种情况，一般的原则是：

如果学生并没有明说，那么作为老师的你，也尽量不要点明，也采用暗示的方法回绝，并且以老师或朋友的身份把她/他渐渐往正确的方向引导就好。在平时尽量避免两人独处，多鼓励集体活动。这样给双方都留下了余地。

比如故事一中老师听到学生的造句“我爱老师”、“我爱你”时，就可以回答说“谢谢！我也爱你们，因为你们都是我的好学生。”讲课时注意到学生对你的目不转睛并非专注于你所讲内容时，就可以用提问或练习等方式不露痕迹地提醒学生把注意力转移到学习上。而对于那几乎就是情书的作业就可以用你的评语拒绝并引导她。在写评语时要凸显老师对学生说话的语气，避免使用可能引起误解的词语，切记不要用“我” 而要用“老师”来做句子的主语。

故事二中的老师也可利用时机，大方地表示感谢，同时清楚传达出你的拒绝：“非常感谢你们！感谢××班的同学送给我这么漂亮的花！”这样就把这个向老师示爱的同学转变成了全体同学的代表，变成了代表全班同学向老师献花以表示感谢，这样既避免了尴尬，也表示了拒绝。在这种场合切忌默不作声地收下花了事。这样做其实就等于你默认而且接受了他的示爱，会给你们今后的相处和你的教学带来麻烦。

故事三中，最好的办法就是老师私下告诉那个学生不要继续这样做了。具体怎么说可以自己斟酌。你可以说“谢谢你的巧克力，不过老师现在不爱吃巧克力了，以后别再放了，好吗？”你也可以直接地告诉他，这样让你不安。或者你不需要他的礼物和帮助。原则是你的态度要真诚、坦率而且坚决。

如果你的学生明确地向你告白，那么很简单，直接拒绝就可以了。原则同样是你的态度要真诚、坦率而且坚决。

坚决的拒绝当然会伤害他/她，但拖拖拉拉纠缠不清只会让他/她受到更深的伤害。当你坦率地表明自己的态度时，心智正常的人都会适可而止或知难而退。这样还可以保持良好的师生关系或者朋友关系，如果不能快刀斩乱麻，不只朋友没得做，恐怕你们的师生关系也会非常别扭和尴尬，甚至你什么都没做，却被人恨得要死。

实话说，这个话题似乎是有点私人化，感情问题本来就是隐私，如何处理是当事人的私事。但是，就像职场不提倡办公室恋情一样，校园里也不提倡师生恋。在师生关系中发生的感情问题处理不好会严重影响双方的工作学习甚至会波及生活的其他方面，所以一旦发生我们就不得不谨慎对待。下面是一个中国学生回顾自己经历过的师生恋时的一段网上感言，或许可以从另一个角度给你一些启发：

如果我是老师，我会先把这个学生当朋友一样。我上大学时也追过我的英文老师，但是我的老师当时处理得就非常恰当，她告诉我：在学校我们就是师生，而且你还未走上社会，经验阅历都不如她。等走上了社会，就会遇到形形色色的人和事，就会觉得今天的行为很幼稚。作为一个男人，要顶天立地，不要爬山还未完就想看日出，那样看到的日出也不是最美丽的。我们可以做一辈子的朋友，等你以后接触到社会之后，就会明白我有我的道理了。如今我走上社会五年了，回想起那段，真是其乐融融。现在我也要结婚了，我的老师早已经结婚了。这种回忆是多么美好！千万不要让你的学生由爱转恨哦！

（张文联）

第五章 教学设计篇

Q：42. 怎样研读教材？

A：俗话说，课本，授课之本。此话虽言之过甚，但对于初入课堂的教师来说，还是应该牢牢抓住课本，通过深入地研读，准确理解和把握教材内容，达到合理、有效地利用教材。

那么，如何研读教材并利用好教材呢？

首先，应理解教材的编写理念和意图。

拿到教材，教师要从头至尾地粗过一遍，好对教材整体产生初步的认识，特别是要体会和理解编者的编写理念和意图，其中“前言”或“编者的话”是必读的。

编写理念来自教学理念，它是“指导语言教学的根本思想”[①]，编写意图则是编者试图通过教材所要达到的目的。编写理念决定了教材的内容取舍与编排、训练的重点、呈现的形式等。如《汉语口语速成•入门篇》[②]考虑到短期口语技能教学的实用性和时效性，吸收了任务教学法的一些经验，以交际任务或交际项目的形式来组织材料、呈现教学内容，力求使学生掌握和使用基本的交际

① 赵金铭，汉语作为第二语言教学：理念与模式，《世界汉语教学》2008年第1期。

② 马箭飞主编，苏英霞、翟艳编著，《汉语口语速成•入门篇》，北京语言大学出版社，2006年。

话语和规则。那么在教学中，教师就要做到，所有活动的设计和展开都围绕着任务来进行，通过任务前、任务中、任务后不同过程的要求来组织教学。

其次，应分析教材特点。

每年出版的教材很多，同一课型的教材，这本可能与那本不同，分析教材的编写特点，充分发挥其优势，扬长避短，是很有必要的。如《速成汉语初级教程•综合课》的总体构想是"以话题为中心，以语法、功能为暗线，以全方位的练习项目为练习主体"，它的特点可理解为：以话题的可讨论性见长，注重表达内容；语法、功能埋伏在话题中；练习种类多、涵盖面广。从长入手，课堂教学应多利用教材中引起共鸣、适宜交流、令人思考的话题，引导学生发表见解，展开讨论；而课文中埋伏的语法点或功能，可能引起理解障碍的，教师也须善加挖掘和讲解。另一本短期速成教材《汉语十日通》[①]则充分体现了"以听入手"、"图解语法"的特点，在训练学生理解和识别词义、句义时，用听、听后示意、听后读图判断的方法进行先期理解，然后用大量的图片诠释用法，进而进入口头尝试表达，符合语言学习的规律。课堂上教师可充分利用提供的图片和音像来进行操练。

再次，应全面了解教材体系。

教材体系包括每一课的内容板块、它们的容量及其编排体例。一般的教材都包含生词、语法、课文、练习四大项，这是构成教材的基本要素，但还不是全部。在语言教学逐步多元化的今天，文化要素不断融入到语言教学中；专门化的教材如旅游教材会有一些旅游资讯和常识，商贸教材会偏重功能语言项目。内容板块的不同，表现出教学的倾向性和目的性的不同。每一内容板块的下面也有更

② 杨惠元主编，陈军、翟艳等编著，《汉语十日通》，商务印书馆，2008年。

细的编排层次。

在容量上，词汇量和语法点的项数会有不同，如《速成汉语初级教程·综合课》①作为短期、强化、速成的综合课本，80课共出生词3400多个，每课平均43个左右。涉及的语法点从甲级到丙级，因此具有进度快、强度大、要求高的特点。

内容板块的编排有平行排列式的，这需要教师自我决定教学的顺序，如《速成汉语初级教程·综合课》；有时间顺序性的，按照板块的排列顺序走下来，就是一个完整的教学过程，如《汉语十日通》。

有的教材按照专题分成不同的单元，如“交通”、“购物”等；有的还安排有单元小结和复习。这些，在内容的连贯和语言要素的复现上都做得很好，教师要善加利用。

最后，要统计、整理有关项目。

每本教材都有很多项目，教师可以采取列表的方式来做一个统计、整理，然后尝试向自己询问以下问题：

1. 每课的生词、语法点、课文长度、练习形式、话题、功能、文化点有什么变化？在量上是否充足和均衡？在形式上是否统一和规范？

2. 新旧知识的前后衔接如何？如副词“就”共出现了几个义项？分别在第几课？表示“比较”的句式有哪几种？是一次介绍完的、还是分次介绍的？它们在语义上是否具有连续性？是否体现了先易后难、循序渐进的原则？语法项目是采用归纳法还是演绎法来呈现的？

3. 知识性的展示是否充实？有没有足够的例证？是否需要用其他细节或例子来补充说明？

4. 有没有与现实生活紧密联系？是否具有启发性？

① 北京语言大学汉语速成学院编，《速成汉语初级教程·综合课》，北京语言大学出版社，1996年。

5. 有没有反映学生的需求？是否切合学生的接受能力和学习兴趣？

认真整理和回答好这些问题，可以说对教材的全貌有了一个较清晰的认识，有利于教师更好地利用教材。

（翟艳）

Q：43. 怎样使用教材？

A：在教学中人们发现：一本再好的教材，如果不能正确地使用，教学效果也会打折扣；相反，一个有经验的教师却可以使一本原本有很多不足的教材“起死回生”，那么，应该怎样正确使用教材呢？

我们先从确定教授重点、难点入手。

课堂教学的时间是有限的，教师应对教材内容进行一定的筛选，以保证训练的集中、有效。

词汇教学、语法教学承担着语言知识向技能转化的任务，作用不容忽视；而词汇、语法知识体系本身庞大繁杂，教授时不能一概而论。教学中应该根据汉语的特点及学生学习的实际情况，确定教学的重点和难点。一般而言，不论词汇还是语法，用法复杂、意义丰富、使用限制多的项目多为教学难点，也多为教学重点。当然，反过来，教学重点则不一定是教学难点。

词汇一般以生词表的形式列出，每一课的生词都在三四十个，在处理生词时，教师应该分门别类，既不能平均使用力量，也不能逐个都讲。究竟哪些该讲、哪些不该讲，哪些详讲、哪些略讲，哪些是必须记住的、会运用的，哪些只需要认识、能理解的，在实际教学中，可以这样考虑：

1. 主课文中的生词详讲，副课文、练习中的生词略讲。

2. 词义、用法复杂的虚词详讲，词义简单、用法单一的实词略讲或不讲。

3. 基本词、常用词、高频词以运用为目的，详讲；超纲词、低频词以理解为目的，略讲或不讲。

4. 生词以当课的词义为主详讲，拓展性的词义略讲或不讲。

5. 生词以常用义项为主详讲，次常用、非常用的义项略讲或不讲。

语法方面，从语言对比的角度来看：

1. 汉语有、别的语言无的语法项目，如“把”字句、“是……的”句、几种补语等，它们的语义、语用都不易掌握。

2. 汉语有、别的语言中也有、但用法不对称的语法项目，如“被”字句，英语的用法范围大于汉语；如“了”，既有表过去完成义、又有表将来完成义、甚至语气义的用法，适用范围及语义又大于英语的过去式。

3. 汉语无、别的语言有的语法项目，如英语中的虚拟语气、日语中的敬语形式等，在汉语中多使用词汇或句式分化表达。

从汉语的角度来看：

1. 与主谓宾基本语序相异的表达形式，如“意义上的被动句”、主题句等，与中国人的思维方式有关。

2. 用法复杂的表达形式，像“把”字句、“了”等，形式变化不大，但语义丰富，使用限制多，类推容易出错。

3. 用反问句、反话、语气词等表达相反义或言外之意的表达形式，从表面看不易判断真实含义。

实际上，由于学生母语背景不同，学习经历和认知方式不同，把握教学重点、难点的情况要更复杂，教师应多磨炼，准确分析与判断。

同时我们知道，一本教材不可能适用于所有的教学，再完美的教材，也可能有其不足。教师应有对教材“动手术”的能力，可从以下五个方面入手：

1．删节：保证教学内容使用有效。因学生水平高或低、内容不实用、不对口、时间不够用等缘故，教师可删去一些不必要的项目。

2．修改：不要迷信教材的说法。对于一些不规范、不贴切甚至不正确的语法注释或词义解释，教师应养成翻看参考书的习惯，及时修改过来。

3．订正：不拘泥于课文的内容。片面之词、一家之言、时过境迁、不合时宜的言论可稍加订正，或指出来，让学生思索。

4．补充：让学生吃饱、吃好。与话题内容相关的、有助于学生深入理解或拓展思考的材料，可及时补充进来；书上的练习分量不够、形式不够多样，也应及时增补。

5．替换：把握主旋律。完全不合适的内容，在现在看甚至存在观念性错误的课文，要果断替换掉，或者跳过不学。

有人把教材划分为三个层次：具体层次、联系层次、创造层次。意思是，要用具体的眼光来深挖细节，用联系的眼光来看事物间的相互关联和影响，用创造的眼光来发展、完备。其最高境界就是，不仅能自如地运用，还能主动地、创造性地运用。“在知识的海洋里，……教科书只是这沧海之一粟。”[1] 一个教师，只有当他的眼界远远超过教学大纲、教材所规定的范围时，才能成为真正的行家里手。

（翟艳）

---

① （苏）B·瓦西连科，苏霍姆林斯基论教师备课，《教育理论与实践》1984年第3期。

Q：44. 怎样备课？

A：要想上好课必先备好课，这是每一个有经验的教师都有的体会。备课，不仅是完成教学任务必须的要求，更是评价教师、评价教学效果的一项指标。但是，作为一名国际汉语教师，你是否思考过“备课”意味着什么呢？

《中国大百科全书·教育卷》关于“备课”的解释是“教师上课前的教学准备”。

上课前的教学准备可以从两个层次上来理解，一是课程开始之前，教师依据教学大纲对课程的完整理解和把握，主要包括设定课程目标和选择适当的教学法等；另一个就是具体的课时准备，指具体到某一单元、某一课时所需安排的教学内容和教学过程。前者为总体的、概括的，后者为具体的、细节性的。我们通常所说的备课，在意义上应该同时包含这两层含义，在具体所指上，则以文字教案为形式。

明白了什么是备课，就要考虑备课时需要关注的因素，或者说，需要搞清楚缺少哪些因素会影响备课的效果。根据对“备课”含义的理解，备课时需从以下几方面思考和计划：

一、目标分析与方法分析，即明确教学目标，选择教学法

对课程进行完整的理解和把握，须先深入研读和理解教学大纲。我们知道，每一门课程都有它的教学大纲，教学大纲是该课程的纲领性文件，说明了该课程在整个人才培养课程体系中所占据的位置。它规定了该课程的教学目标、要求和原则，说明了课程的性质、特点、任务等。从事该课程教学的教师，必须先通读大纲，以获得对该课程的基本认识。

研读大纲，有两个要点需要牢牢把握：教学目标和教学方法，

因为它们直接影响了今后备课的操作。我们以短期速成教学初级综合课的教学大纲相关要点的规定来加以说明。

课程性质：短期、速成、强化。主干课程。

课程目标：围绕语言知识、语言技能、策略、文化意识四个方面，进行语言综合能力训练。

课程任务：通过19周左右的教学，在语言知识方面，学生能够做到语音语调基本正确，掌握汉语词汇1200个左右和1100个左右汉字，掌握并熟悉甲级汉语语法。在语言技能方面，学生能够听懂和运用汉语进行日常生活和学习范围内的初步交际，并可进行简单的社会交际。能够阅读跟教材难度相当的文章，能够写长度为200字左右日常生活话题的小短文。掌握一些基本的学习方法。

教学原则：教师为主导、学生为主体的原则；综合、全面的原则；精讲多练的原则；实践性原则；最优化原则。

教学方法：以交际法为贯穿始终的教学指导方法，并能根据具体教学内容和教学对象，灵活选择恰当的教学方法和技巧。

通过仔细研读以上教学大纲，教师应该明确认识到，综合课的教学目标是将对学生的语言综合运用能力的培养放在核心位置的，因此它注重知识与技能、语言与文化、学习策略与情感的多重目的，听、说、读、写全面发展，并承担着为听力课、口语课等课程打基础的任务；在教学方法的选择上，要突出短期、速成、强化的特点，精选教学内容，优化教学配置，选择富有交际性的教学活动，灵活运用教学方法，并做到课堂教学与课外实践的有机结合。

研读好教学大纲，类似于做好了顶层设计，进入具体的操作层面，诸如精选教学内容、设计教学活动等就有了明确的指导和依据。

二、条件分析

教学条件包括很多方面，教学设备等硬件是必须要考虑的，而

"软件"——学习者自身及他们所处的学习环境，才是最重要的。教学是"教"与"学"双方交互作用的过程。学生是学习的主体。了解学生及其个性特点、分析学习环境是进行有效教学的前提，好比播种，必先了解土壤、墒情。条件分析主要表现在：

1. 了解学生。教师需知道，学生的母语背景、外语学习经历、汉语水平、学习兴趣和需求、思维特点和学习习惯等，从而在备课中予以利用。

2. 分析学习环境。教师需分析学生赖以生活的环境，以预测他们可能的学习结果和学习困难，并在备课中加以注意。分析学习环境包括分析课堂教学与课外学习条件、学生的生活方式、交友方式、学生学习动机和班级气氛等。

三、内容分析

这部分涉及具体的备课程序，主要是研读教材，确定教学内容以及设计教学活动、安排教学过程等。

钻研教材的工作包括了解教材体系，理解编者意图，归纳教授要点、分析难点，阅读有关参考资料，深刻理解和说明语法要义，及时补充材料和练习等。教师需要对照教学目标来精心筛选教学内容，保证教授给学生的东西都是培养语言能力所必需的，而不是无关紧要的旁枝末节。教学内容的确定主要依据教科书，但不局限于教科书，教师应有对教材再创造的能力。特别是海外教师，教学对象、教学条件多不相同，对教材进行一定的筛选、改编和补充，是必要的。通读教材、吃透教材是备课时的基本功，它可以帮助教师最大限度地挖掘和利用好教材。

授课不是简单地灌输和讲解，精心选择的教学内容须经过一定的组合，融入恰当的教学活动，学生积极参与，这时教学活动才是进行语言操练最有效的方法。不同的语言要素各有多达几十种的训练技巧，如训练语音的、训练语法的……在语法教学中也有适合操练“有”字句的活动，适合操练“把”字句的活动。教师备课的过程就是针对教学内容的不同，设计好、编排好各种学生活动，选择好教学方法。

按照一定的教学思路、由浅入深地安排一系列的教学活动，就体现为教学过程。有学者将对外汉语综合课的教学过程概括为：检查复习预习情况——生词处理——语法点处理——课文处理——归纳总结——布置作业六大环节①，表明教学内容安排的大致顺序，备课时可作为参考。当然，根据材料的不同，设计思路可以调整，是先处理生词，还是先学习语法，应以利于教学、方便教学、提高教学效率为前提。

根据以上的说明，我们可以大致明确备课时的基本程序或步骤：

1．研究教学大纲

2．明确教学目标、选择教学法

3．了解学生、分析学习环境

4．钻研教材

5．设计教学活动和教学过程

6．编写教案

7．准备教具或多媒体课件

8．填写教学后记

其中，“编写教案”就是把备课的想法用文本表示出来，以备上课利用。待完成之后，还需要根据教案进行教育资源的选择与利用，如准备图片、实物道具或多媒体音像材料等。至此，备课的工作才算大致完成。需要说明的是，课备得好，只能表明教学准备做得好，实际的教学是否顺利、备课内容是否行之有效、是否发生意

---

① 崔永华，基础阶段精读课课堂教学结构分析，《世界汉语教学》1992年第3期。

外，还不得而知。故教师既要有随时调整计划的精神准备，又要有对既定的上课计划进行批判性反思的思想准备，那么备课之后的一项工作就是填写教学后记，而这也应作为备课的一项任务来完成，只不过是事后完成罢了。

（翟艳）

Q：45. 怎样编写教案？

A：所谓“教案”，顾名思义，是指教师根据教材和授课学生的实际情况所制定的施教方案，其中的核心问题，是教学程序的安排。教案是教师备课后形成的书面成果，也是进行课堂教学的重要依据。每一个即将上岗的新教师，都要经历一个从研究、仿写到自由创作教案的过程。编写好教案是打好教学基本功、不断提高教学水平的一个重要途径。我们可以从教案的形式和内容两方面来把握教案的写法。

一、教案的构成

可以分为常规项目和添加项目。

一般的教案，如果只限于个人课堂使用，可以只列出常规项目。

课程名称：所要教授的课次和题目。如：《汉语口语速成•入门篇》第12课“要红的还是蓝的”

教学目标：教学活动中所要达到的预期结果。我们把教学目的、教学任务、教学要求等统称为教学目标。教学目标的描述要分类、分层，目标的陈述切忌笼统，并以可观察到的学生行为为准。例如以上第12课的目标可描述为：

1．认知目标：理解并掌握“是”字句、“的”字结构的句法形式和语义，能用来表达和说明人或物体的性状；理解并掌握“是……还是……”句式的语义及用法，完成对话练习，正确率在90%以上；

2．技能目标：

听说：学生能够复述和表演课文内容，能够听懂别人问话，自由表达个人观点，语音语调较自然；

读写：能认读课文，能够以每分钟12—15个字的速度书写本课生词；

3．策略目标：体会先听后看的课文理解方式，教师提问后，学生能主动回答；能够协商、讨论，用小组合作的方式完成汇报内容；

4．情感目标：接受别人的询问，并有使用选择问句了解他人情况的愿望。

教学方法：既包括教法，又包括学法。教学方法是师生双方为达到教学目标而采用的方式和手段。例如：使用情景法，帮助学生理解概念；借助图片、用听说法操练词语和单句；布置交际任务，用完成任务的方法组织学生分组进行交际。

教学内容：本次课教学的具体内容。

1．生词34个

2．语法点5个：“的”字结构、选择疑问、“是”字句、双宾句、钱数的表达法

3．话题：在食品店、水果店、文具店购物

4．功能：询问、回答、判断、选择、计算

5．文化点：中国购物市场的特点、不同场合交流的模式

教学重点、难点：根据教学大纲、教学计划、学生情况确定教学的重点、难点。

教学重点：生词：还是、别的、再、怎么、找；语法点2个："的"字结构、"是"字句

教学难点："再"、"还是"与"或者"的区别；"的"字结构

教学环节和步骤：教学过程中教与学活动的展开顺序，这是教案的主要组成部分。教学过程由一个个环环相扣的教学环节组成，整个教学过程主要分为以下五个环节，也称为"五段教学法"：

1. 组织教学
2. 检查复习预习情况
3. 学习新课：包括生词教学、语法点教学、课文教学
4. 归纳总结
5. 布置作业

教学环节又可分解为一个个教学步骤。比如"语法点教学"的环节也可以分解为五个步骤：

1. 引入语法点
2. 展示语法点
3. 解释语法点
4. 操练语法点
5. 归纳语法点

课时分配：完成各环节教学所需时间。这里有一个大致的规定：

组织教学	检查复习预习情况	学习新课			归纳总结	布置作业
		生词教学	语法教学	课文教学		
2分钟	8—15分钟	15—25分钟	20—25分钟	30—50分钟	2—3分钟	2分钟

各环节时间安排应根据需要灵活掌握，把握一点，新课是教学的主体，其他环节的教学是为新课教学服务的，不能喧宾夺主。

教具：主要指PPT、图片、卡片、实物、投影仪、多媒体等教学辅助工具。如：圆珠笔，红、蓝各一支，水果图片，全套人民币，生词卡片。录音设备。

教学后记：记录、总结该节课的得与失、经验与不足。

教案的添加项目：如有展示、传阅的需要，教案还必须增添一些其他项目，使其完整、全面。

1．基本信息：主要包括学校、授课教师姓名、上课日期、上课地点等。

2．教学对象：包括学生的年级、人数、国籍、汉语水平等。

3．课程描述：如有必要，需交代课程性质、内容的衔接、本次课是第几讲等，如“系列教材中的主干教材，学生已学过了简单趋向宾语，此为第2次接触。完成本课共需6课时，本教案展示的是第1、2课时”等。

4．板书设计：在教授新课时书写到黑板上的文字或图表。可以将版面的划分和内容的排列大致画出来，或标明位置。

二、教案的格式

教案虽有大量可援的成例，但它仍然是教师个性化的产物，随教师、课型、目标以及教学环境的不同而有所不同。下面几种为常用的教案格式。

1．直述式：基本上为课堂教学过程的直接表述，教学材料（包括例句、课文、练习等）、教师语言（包括导入语，解释性、启发性的语言，所提问题等）、活动设计（如两人一组、分组讨论等）都依照教学顺序一一书写出来。

2．分栏式或表格式：分出内容栏和方法栏。内容栏内将所讲授的内容按顺序排列出来；方法栏内陈述怎样组织活动，如小组活动、个别提问、听后回答、阅读等。还有的教师加上说明栏，解释这么做的原因、预计操练效果等。也可以用“教学内容”、“教学行为”、“教学说明”的名称来分栏或画表。

3．卡片式：主要适用于活动课程，如辩论课、语言知识竞赛、语言游戏等。用提纲的方式列出活动项目、主题、时间安排、分组方式、场地划分、所需材料等。另加“备注”，提醒注意事项。

目前，教师们多媒体技术运用娴熟，教案中插入了大量的照片、图画等，图文并茂，表现力更丰富，更直观、美观了。

三、教案的书写

为方便使用，教案的书写应有详有略，详略分明。例子、说明要尽量完整、到位，教师的语言要尽量精练，不要每句话都列出。

从段落上说，宁可多一点，分门别类，单项列出，不要黑压压一片。

从文字上说，重要的、关键的、不易记忆的、容易疏漏的，可用红笔标写。语法句式和词语搭配尽量用符号表示，既一览无余，又概括醒目。

从款式看，案纸的右侧可以留下一条空白，以便及时增补，或写上提示性的语言。

总之一句话，用起来方便，找起来快捷。

四、教案的使用

教案，只是“教师理解的课程”[①]，是一种设想，一份蓝图。教师理解的、设想的难免与现实产生距离，备课时，教师要最大限度地预见课堂上应该做些什么，可能会发生什么，从而灵活机智处理。如：时间不够用、时间富余怎么办？学生没听懂，随意打断老师怎么办？设计好的活动，学生参与的积极性不够或偏离主题、用

① 陈桂生，“备课”引论，《全球教育展望》2007年第2期。

母语怎么办？

不仅要设计好内容和操作方法，还要与学生个体状况联系起来。比如提问，就要计划好要提问的学生和提问的时机。根据平时对学生的了解和学生当时的表情，果断决定提问谁、提问哪个问题，是给他新问题、还是给他重复性的问题。数量上也可及时修改，如果设计了五个问题，预计提问五个学生，学生掌握情况好，三个就可打住，反之亦然。

教师还必须精通并牢记授课计划，有经验的教师甚至连课文都烂熟于心。在课堂上，教师要尽量少看教案，从容自然，才能游刃有余。教师的语言更要讲究，不要过于随意、滥加“嗯、啊”之类的“小零碎儿”。

（翟艳）

Q：46. 怎样上好第一堂课？

A：新教师第一天走上讲台，往往不知道该做什么，有的教师进了教室就按照备好的课按部就班地开始上课，较少跟学生交流，其实这样做教学效果并不好。开学第一天，是教师和学生进行直接交流最重要的时机，这时的教师和学生都满怀希望，又充满紧张，进行及时、轻松、融洽的交流不仅能缓解大家的紧张情绪，还能充分展示教师的素养、学识、风范，给学生留下良好的第一印象，从心理上接纳教师，更重要的是，通过必要的讲解，让学生明白课程的内容、安排和学习目标，为今后的学习做好心理准备。

开学第一天应该做些什么呢？以下内容是必不可少的。

一、自我介绍

教师的自我介绍包括姓名、工作经历、爱好等易于加深学生了解的内容。介绍姓名的时候要让学生清楚地了解并记忆。教师应该将姓名一笔一画地写在黑板上，如果教授对象是初级水平的学生，或者教师名字中有生僻字，还要写上拼音，然后带读一下。有经验的老师在带读之后，开始正式地跟学生打招呼，并要求学生使用自己的姓来回应：

师：同学们好！

生：×老师好。

在介绍当中，还可简单说明一下中国人姓和名的书写与称呼习惯，“姓”在前，“名”在后。

工作经历、爱好等可视教师自身情况决定是否介绍。刚参加工作的新教师，没有多少可称道的工作经历，不说为好；爱好、性格等如果需要，可用轻松的话语或有趣的故事来展示，最好不要照本宣科。

二、尽快记住学生的名字

快速记住学生的名字是教师的基本功之一。试想一面之后，就能准确地直呼其名，对学生来说，该是多么大的信任！上课之前，教师应先试着熟悉一下学生的姓名，注意他们名字的正确读法，特别是日本学生姓名中使用的日本汉字的读音，找出学生名字的特征，尽量记忆。上课第一天，要将姓名与学生本人特征对应起来，这样记起来就快。课间休息的时候，可以对着名单默默回忆，并不断加以核实，一堂课下来，就差不多了。

三、让学生尽快熟悉起来

学生之间也应尽快熟悉起来，以利于即将开始的学习生活。教师可设计一些游戏，让学生们相互认识。以下举几个例子：

1．将学生的姓名写在一张张纸条上，每个学生分到一张。请学生依次大声、清楚地念出纸条上的姓名，被念到名字的学生站起来，做自我介绍。

2. 将学生的姓名写在一张张纸条上，并标上数字，数字要成对地编排。然后教师大声宣布“1号”、“2号”……持相同数字的两个学生坐到一起，交换纸条，并开始交谈。几分钟后，教师可用同样的方法再重新分组。

3. 学生自我介绍，教师立即将学生姓名写在黑板上。全部结束后带读几遍，然后随机擦去一个个名字，请学生回忆抢答。抢答的过程中可插入一些关键的问题，如“他是哪国人？”“他喜欢吃饺子，对不对？”等，还要让学生指出被猜出的学生。

4. 可将学生按一些特征分组，如“亚洲组”、“欧洲组”，或“男生组”、“女生组”等。小组同学相互做自我介绍，然后选派代表向全班同学介绍小组成员。

四、介绍课程内容及教学目标

不管是什么课型，都要向学生介绍说明课程的内容、课时、教学目的和学习目标，还要介绍教材的内容及使用的要求等。比如口语课属于语言技能课，对它的介绍就要紧密结合口语技能课的教学特点来说。口语课主要培养和训练学生的口头语言输出能力，关注点是语言表达的流利、准确和得体；语音语调应基本正确。对认读没有明确要求，因此对学生的生词预习而言，要求其掌握在能听懂、会认、会口头运用的水平即可；对语句也不要求形式完全正确，而更多注重交际功能和意义表达。

介绍教材时应说明对教材各部分的使用，如生词需要预习、课文需要熟记等；介绍课时可按照教学过程来进行，如一、二课时学习生词、课文、相关的语法，三、四课时完成交际训练和作业等。还需要介绍课程的考试方式，平时成绩与期中、期末考试成绩的比例。

总之，介绍要简单明了、重点突出，要让学生明白学习该课程的意义和注意事项，明白它与其他课型的关系、明白学好该门课程应完成的任务。

五、介绍规章管理制度

教师还需要向学生说明学校的教学管理制度，比如迟到、缺勤的处理方式，取消考试资格、自动退学的管理办法。教师表述的重点要放在激励学生学习上，因此要特别说明各种奖励制度，比如优秀学生的评比、奖学金的申请条件等。良好的学习管理和班级气氛是辅助教学的重要手段，教师应强调建立良好师生、生生关系的重要性。

六、留下学生的联系方式

如果还没有确定班长，可委托一位学生将全班同学的联系方式登记下来，制成表格，人手一份，这样可随时与学生联系，也方便学生联系。

七、适当介绍学校的资源和周边情况

视情况介绍一下学校的情况、可利用的资源和周边环境、生活中的注意事项等。

开学第一天，首要的任务在于师生相互认识、了解。在解释的过程中，尽量用适合学生的语言，保证学生听明白，必要时可使用英语等媒介语。在了解的过程中，尽量展示教师的魅力和学识，让学生信服和依赖，并产生学习的兴趣和热情。值得一提的是，之前教师要做好充分的准备，将要说明的事项一条条记下来。如果解说条理不清、语言含混笼统、内容丢三落四，容易给学生产生不好的印象，还可能影响今后的教学。

（翟艳）

Q：47. 怎样设计教学活动？

A：教学活动是指师生双方，为了实现既定的教学目标而进行的各种教与学的互动活动。教学活动的构成主体是人——教师和学生，并辅以必要的教学材料、教具、设备。教学活动的主要特征是互动，指师生之间、生生之间的交互往来。第二语言教学特别强调师生双方积极性、主动性的发挥和共同作用。师生双方只有共同参与，积极实践，语言教学的效果才能彰显出来。

师生之间的交互作用是构成课堂教学的主要形式。教师上课前的备课行为，一个很重要的任务就是，将精心选择好的教学内容，按照适宜呈现的教学形式，融入到一个个活泼有益的教与学活动中。照本宣科、唱独角戏、光讲不练，这都是教学中要杜绝的。

交互活动的方式主要有两种：师生之间和生生之间，那么按此分类，我们来看看有哪些教学活动。

一、师生之间

1．朗读活动

朗读包括认读、听读和跟读等形式，认读侧重对汉字符号的辨认与发音，听读侧重对语音符号的辨认与发音，跟读侧重在认读的同时，跟随教师或录音等规范的读音进行朗读。

朗读的材料包括拼音、生词、例句、课文及其他材料。

教师应根据教学对象（如母语背景）、汉语水平（认、听、发音的水平及缺陷等）、训练目的（训练听力、识别汉字等）来选择朗读的方式。在语言教学中，朗读是基本的和必要的教学活动。

2．模仿活动

模仿包括重复、复述、造句等形式。模仿的目的在于熟悉发音和语言形式，并尝试脱离教师的指导，按照规则进行输出。

教师可以设计重复说出语音、句子或课文段落，复述课文、造句等活动来进行操练。

3. 问答活动

包括教师提问和学生提问两方面。教师提问适用于语言学习的任何方面以及教学的全过程。提问的类型有：

（1）直接式提问：

师：今天几月几号？（出示日历，手指某一日期）

可以操练生词、语法句式等。

（2）查询式提问：

师：昨天晚上你做什么了？

师：听说你去秀水市场了，买了什么东西？

查询式提问可以检查预习、复习情况，也可以在教授新词语、新句式时运用（如用包含生词、语法点的句子提问）。它以了解为基础，以引导学生表达为目的。提问时要引起学生兴趣，并使对话得以继续。

（3）引入式提问：

师：北京有名的地方故宫、长城等，有很悠久的历史，来北京的人都要去那儿玩玩、看看。那么，故宫、长城这样的地方可以叫做什么？（名胜古迹）

引入式提问通过设置一定的场景、进行必要的铺垫，引出将要讲授或操练的内容，如生词、语法点、课文等。

（4）解释式提问：

师：“名胜古迹”里的“名”是什么意思？“古”是什么意思？“名胜古迹”指什么样的地方？

解释式提问重在释解词语、分析句义、文意。

学生提问的主要形式为“质疑”，这方面的运用较少。教学活动中教师应鼓励学生积极思考、踊跃发问。

4．研讨活动

学习的过程也是学生积极思考、发现问题、解决问题的过程。研讨活动指教师启发、引导学生，深入理解和分析学习内容的活动。如：分析篇章结构，总结段落大意，解释词语、句义，讨论问题，发表意见或建议等。

5．做练习活动

课堂上应做一些必要的练习，来检查、巩固学习的结果。如学完生词后请学生“选词填空”、“完成句子”、“改说句子”等，在听力、阅读结束，做一些“判断正误”、“选择正确的答案”的练习等也是很好的方法。

6．游戏活动

为增加学习的趣味性，巧妙地运用教具，教师可设计一些游戏，调节课堂气氛。如：快速出示生词卡片，然后让学生准确说出或写出；用语言描述物品的性状，做猜词游戏；把一些词语写在纸条上，学生做组句练习。朗诵唐诗、唱歌、讲故事等。

针对成人教学，游戏活动要少而精，切忌幼稚化。

7．书写活动

在汉语教学中，汉字的书写非常重要。书写活动包括汉字的临摹、听写、抄写和默写等。由于时间关系，课堂上采用最多的是“听写”：听写生词、句子，听后写段落大意等。

以上活动，有的互动性强，有的互动性弱。即使是互动性弱的项目，如朗读、书写，教师也要通过及时的反馈来积极评价学生，激发他们的学习热情。

二、生生之间

生生之间的活动，多以两人结对和小组合作的方式展开。相对于师生的双向交流，生生之间的多向交流意义更加重大。从语言教学交际性的角度、从心理语言学输入应大于输出的角度、从社会语言学课堂是社会生活、人际交往场所的角度，生生互动都应成为课堂教学的主要形式。

生生之间的活动有哪些？

1．对练活动

两人一组，进行交流和学习互助活动。如分角色朗读和熟记课文，就课文内容互问互答，用生词卡片猜词，根据老师发放的纸片完成完句、组句或组段练习。

2．信息差活动

A、B两个学生根据所得到的不同材料，相互询问、填补信息。如找出两张图片的不同，看图说话，故事接龙，听述找位置、画线路等。填补信息差的活动很好地体现了真实交际的目的。

3．解决问题活动

教师给小组一个待解决的问题，可能同时提供相关的材料或信息。小组成员通过讨论找出解决问题的方法，或决定几个选择中的一个。每个小组完成各自的任务，并在班中进行交流或汇报。如：新年晚会的实施方案、为朋友选定参加晚会的服装、乘坐什么交通工具等。

4．交换观点活动

小组成员就某个话题展开讨论，各自发表意见。如：讨论、辩论、发表调查报告等。目的在于展示不同的观点，辩论性质的还要尽量说服别人。

5．角色扮演活动

小组成员根据给定的主题，自编脚本，分配角色，排练并表演。

从以上两种类型的教学活动，我们可以看出：师生之间的教学活动多侧重于语言知识的传授与操练，因此包含一些必要的机械性或半机械性操练；生生之间的活动多侧重于任务式交际，强调语言的实践和运用。二者之间并不矛盾，而是相辅相成的关系。

语言教学是以问题性、策略性、情感性、技能性等程序性知识为基本学习内容的教学，语言知识的概念、原理、规则，只有通过学习者自身的操作、运用、探究、体验等具体活动，才能最终领悟和内化。精心、巧妙地设计好教学活动，在课堂上充分激发学生的学习热情，引导他们认真学习、积极实践，是教师义不容辞的责任。

（翟艳）

Q：48. 怎样设计和使用多媒体课件？

A：随着科学技术的进步和信息化时代的发展，多媒体辅助课堂教学逐渐得到普及。与“黑板＋粉笔”的传统教学模式相比，多媒体教学通过图像、文字、声音等多种演示手段，将语言素材、语言环境、语言训练方法整合展现出来，既方便教师使用，又利于学生接收，起到激发学生的学习热情、提高课堂教学效率的作用。

多媒体课件包括文字、图像和声音等资源。采用多媒体技术进行教学，首要的是学会设计、制作和运用多媒体课件。在这里，我们不谈论如何制作，只谈谈如何在呈现和操练语言材料的基础上来设计、使用多媒体课件。

一、如何设计、使用多媒体课件

多媒体课件的主要形式是PPT，它也叫幻灯片，功能是用幕布来显示早已准备好的一张张电子文件，因而在一定程度上可以替代板书。由于技术手段的优势，PPT课件可以用多种手段直观、形象、快捷地展示教学内容，特别是展示很多静态的黑板所不能展示的内容。

1. 图像课件

图像包括单张或组合的图片、照片、动画、视频等。它们的作用有：

（1）解释词义

生词中有大量的实词是可以采取看图释义的方法来学习的。如水果中的“荔枝”、食品中的“驴打滚”、菜肴中的“龙虎斗”，很多学生都不知道，单看英语翻译，也不明就里。还有的动词，如“提”“抬”“拖”“端”“捧”等，其动作姿势如果用语言描述起来比较复杂，用图像则一目了然。

（2）诠释语法概念

语法规则是抽象性的、概括性的，如果想让学生理解，除了提供大量的例句、设置一定的语境外，最有效的方法是将其具体化、形象化、情境化。如学习结果补语“吃完”，我们可以先展示一幅就餐前食物堆积的画面，然后展示一幅就餐后杯盘狼藉的画面，这样，教师可以把结果补语的语义讲解清楚。其他像趋向补语、可能补语、“把”字句、“被”字句、表比较的句式、表变化的“了”等，都适合用图像来阐释语义。

（3）提供限制使用的词语进行练习

用图像可以提示操练时需要的词语或短语，进行各种形式的练习。如教师问：“你要买什么？”然后快速出示“本子”“词典”“苹果”“牛奶”等画面，学生可选择回答。采用这种方式还可以操练选择疑问句、程度补语、表“正在进行”的句式、“有”字句、“是……的”句以及存现句等大多数句式。

（4）展示交际训练所需的语言信息

用几幅连续的图片展示场景、人物、时空、季节、工具、故事发展脉络和结果等信息，让学生进行成段表达或交际练习。这种方式可用来完成复述课文、看图说话、小组讨论、决定行动方案等多种交际性任务活动。

动画和视频由于富有动感，还能提供更丰富的语言环境和叙事化的表现手法，表现连贯的动作和情境变化，解释力和表现力更强。如训练学生运用“把”字句时，可以用一段视频表现教师进教室后一连串的动作：“放下书包、脱下大衣、挂在墙上、拿出书本、发作业、板书错题……”然后要求学生根据情景描述说明。从电视、新闻中截取一定的视频片段也是很好的方法。

图像课件的最大优点是能在相当短的时间内传递大量的视觉信息，使人获得视觉表象，而视觉表象是进行记忆编码和存储的重要形式。在课堂教学中，PPT课件是最常用、也最有效的教学手段，教师要尽量多采用。

2. 文字课件

文字课件主要用汉字（包括图表）来展示，它相当于黑板的板书。我们在“怎样设计板书”中介绍的方法，都适用于它。由于课件是预先准备的，并且有很多方便、快捷的机器操作功能，因此在设计和使用上比黑板板书更能体现教师的教学思想和方法。比如：

（1）文字的呈现与隐去

文字的呈现或隐去更加方便，而且可以反复使用，方便教师提示、强调记忆、检查对照。如生词采用分栏的办法，可以同时列出拼音、词性和注释，也可以单出。当要提示发音时，可以呈现发音；当需要看拼音写出汉字时，可以隐去汉字。这种方法也可以用来训练学生说句子、复述课文、分析句子结构、做练习等。做听力、阅读等练习时，答案的呈现也可用这种方法。

（2）文字的添加与缩减

可以在某一文字前后位置随时增添或缩减文字。如讲练生词时需要介绍词语的使用和搭配，教师可以在词语的前后添加文字或符号，形式醒目，也方便做扩展练习。在引导学生复述课文时，教师可以逐渐拆去“拐棍”，从展示完整的课文内容到只保留课文的

"骨架"，提示的信息逐渐减少，训练的难度逐渐加大。

（3）文字的链接

版面有限，有的文字信息可以用超链接的方法来调入。如注音、词语注释、语法注解、文化背景等，配合教师讲解使用。

（4）表格的利用

用电脑画出的表格又整齐又漂亮。我们可以利用表格来完成以下工作：

对比事物的特征，如辨析同义词、归纳语法要点、列举事物的利弊；

作整理和记录工作，如学生回答课文中的问题、听后写出细节性信息；

进行任务式活动，如学生进行社会调查，填写调查报告、根据统计数据进行讨论或写作等。教师可以用表格来讲解，也可提供给学生做练习之用。

3．声音

图像和文字是构成多媒体课件最重要的因素，声音的使用则少得多。课件设计中，声音一般包括词句的发音朗读、课文录音、视频以及音乐，其中使用较多的是课文录音和视频。词句的发音朗读一般做成超链接的形式，实际教学中不如教师的朗读来得方便、省时，所以不建议使用。课文录音一般以MP3的格式存储下来，教师可随时调用。视频材料我们已归入图像中进行了说明。教师应该关注一下音乐，因为这个手段用得不多，可以考虑在课程开始时放一些与课文风格相符的音乐作为引子，预示内容或吸引学生注意；也可以在朗读时加一点配乐，增加感染力。音乐的手段可用，但要注意时机，不可滥用。

4．色彩

色彩的作用在于对文字、图形进行塑造，作用是：突出重点，如用红色表示重点词语、格式等；区分版块，增强可读性，如正文用黑色，注释用蓝色等；改善视觉印象，增加美感。色彩的使用也应注意不可过多，对比合适。

二、树立正确的多媒体教学观

多媒体技术使课堂教学更为形象化、直观化，特别是在对一些抽象概念的解释、语言材料的呈现方面具有无法比拟的优势。然而，多媒体技术说到底只是一种教学辅助手段，它既无法取代，也不必取代传统的教学手段，如黑板和粉笔。因此，对多媒体课件的运用要掌握一个合理的 “度”和“量”。课件的设计不能华而不实、舍本求末，也不能为了新奇好看，花样太多，干扰学生的学习。

三、要注意的问题

1. 多媒体课件是配合文字教案使用的，因此教师要先备课，然后在此基础上考虑使用什么、怎么使用。

2. 与黑板配合使用。备课时要设计出一些适宜在黑板上书写或操练的项目，如学生的听写、需要长时间保留的例句等。学生还是应该多关注教师的行为，包括肢体语言。

3. 除了那些闪读式阅读练习外，幻灯片应能保证一定的停留时间。

4. 上课时，教师不要只待在角落里守着机器，因此配备一个遥控鼠标非常必要。

（翟艳）

Q：49. 怎样进行教学评价？

A：“教学评价是以教学目标为依据，运用可操作的科学手段，通过系统地收集有关教学的信息，对教学活动的过程和结果做出价值上的判断，并为被评价者的自我完善和有关部门的科学决策提供依据的过程”[①]。教学设计的实施结果要靠教学实践来检验，因此每一位教师不仅需要完成上课前的各种准备工作，认真、情绪饱满地投入教学，还要有对教学的批判反思精神，而反思教学的一个重要方法就是进行教学评价。

一、怎样理解教学评价？

1．教学评价的核心

教学评价的核心是衡量教学的有效性，而是否“有效”要看通过教师一段时间的教学之后，学生有无进步或发展，因此检验学生的学习效果（包括情感愉悦），而不是看教师是否完成了教学任务，成为了衡量教学有效性的唯一指标。

2．教学评价的过程

教学评价旨在对教学活动的准备、实施过程和结果做出一系列的评价，它贯穿于教学的整个过程和全部教学活动中，一份完整的教学评价至少包括从开学到学期结束的全过程，而不仅仅局限于某节课。在完成教案环节后，我们鼓励教师做课后“教学后记”，这只是进行全面、客观教学评价的一部分。

3．教学评价的功能

教学评价的主要功能是改进或形成，而不是鉴定或选拔，它的直接目的是为教师改善教学方法、提高教学水平服务，为学生的后续学习提供全面而具体的指导。所以仅从考试或测验成绩来看学生的进步既是不科学的，也是不全面的。在课堂上，关注学生的表现和学习精神，有时意义更大。

4．教学评价的范围

教学评价主要涉及学生的学业评价与教师的教学活动评价。评价的三个维度是知识、技能和情感，对教师而言，要看是否完成教学目

① 施良方、崔允漷，《教学理论：课堂教学的原理、策略与研究》，华东师范大学出版社，1999年。

标、方法是否有针对性、有效等，对学生而言有人概括为“在知识上表现为学会，在能力上表现为会学，在情感上表现为学得有趣”①。

二、教学评价的类型

教学评价的分类方法很多，比较通用的有以下三种：诊断性评价（又称准备性评价）、形成性评价（又称过程评价）和终结性评价。它们针对不同的评价时间和评价侧面，互为补充。以下简要列表说明②：

种类	诊断性评价	形成性评价	终结性评价
作用	查明学习准备和不利因素	确定学习效果	评定学业成绩
主要目的	合理安置学生，考虑区别对待，采取补救措施	改进学习过程，调整教学方案	证明学习已达到的水平，语言在后续教程中成功的可能性
评价重点	素质、过程	过程	结果
手段	特殊编制的测验、学籍档案和观察记录分析	经常性检查、作业，日常观察	考试
测试内容	必要的预备性知识、技能的特定样本，学生生理、心理、环境的样本	课题和单元目标样本	课程和教程目标的广泛样本

以往的教学较多关注静态的教学准备和考试结果，对动态的教学过程缺乏细心的观察和记录，形成性评价在此方面做了很好的弥补。

三、课堂教学评价的观测点

课堂教学构成整个教学活动的主体，如果我们把教学评价的目光只集中在2个课时的教学活动中，可以这样来观测和评价。

① 陈瑞生，课堂教学有效性界说偏失现状、影响及其纠正，《教育探索》2008年第8期。

② 施良方、崔允漷，《教学理论：课堂教学的原理、策略与研究》，华东师范大学出版社，1999年。

1．教师

教师的课堂教学行为体现在三个方面：教学操练，语言、教态，教学管理。对教师的评价重要的是看教师能否做到以及做得是否充分。

（1）教学操练

① 教学过程层次分明，思路清晰，环环相扣，重点突出。

② 教学展示正确、规范、清楚，有启发性。

③ 教学操练注重精讲多练、训练方法目的明确、针对性强、效果明显。

④ 问题或练习具有开放性和实践性，针对不同层次的学生进行分类指导，因材施教。

⑤ 板书（包括多媒体课件）有设计，运用得当。

⑥ 总结有助于学生理清思路、明白重点和难点。

⑦ 布置作业注意区分预习和复习、巩固和扩展、创造和运用不同类别。

（2）语言、教态

① 讲授语言正确、简明、通俗易懂。

② 指令清楚，精练。

③ 态度亲切、目光柔和。

④ 衣着得体、大方。

（3）课堂管理

① 激发学生动机，积极地评价、回应和交流。

② 尊重学生，公平对待每一个人。

③ 师生关系融洽，课堂气氛活跃。

④ 教学秩序井然有序。

⑤ 对迟到、缺席的学生有管理措施，在学习上有特别要求。

⑥ 时间控制良好，无拖堂或前紧后松现象。

⑦ 课间或下课后跟同学有交流、谈话。

2．学生

观察学生的课堂行为主要注意这几个方面：课堂学习表现、情感态度、学业进步。

（1）课堂学习表现

① 理解、记忆讲授内容。

② 完成各项操练和交际活动，达到教学目标所规定的要求。

③ 在能力上有拓展，能类推、举一反三。

（2）情感态度

① 主动、自觉地参与教学活动。

② 积极思考，愿意尝试。

③ 欢迎与同伴合作，乐于交流，成果共享。

④ 精神愉快，有满足感和收获感。

（3）学业进步

① 独立完成日常作业。

② 能做到预习有体会、复习有成果。

③ 能跟上教师讲课的速度和教学进度。

④ 有自学能力，善于发现、总结。

⑤ 小测验、听写正确率达到标准。

教学是科学，更是艺术。任何教师、即使是从教多年的教师，都要有一个时时对自己进行教学反思的习惯，及时弥补在知识、技能、技术运用等方面的不足，使自己的教学能力不断提高，教学艺术日臻完善。教学评价从参与主体来分，有自评、专家评价、同行评价、学生评价等多个方面。对于新教师或经验不足的教师来说，在自评的同时，进行广泛的学习和借鉴，非常必要。

（翟艳）

第六章 教学管理篇

Q: 50. 开学头两周有多重要？

A: 这个问题要讨论的实质其实是用什么样的方法可以创造一个良好的开端。追求有效课堂的教师在上课的第一天就会开始实施有效的管理模式，也就是说，为了创造一个良好的课堂气氛，达到有效的教学目标，课堂行为的管理必须在上第一节课前就启动，而最初两周正是关键期，俗话说得好：新官上任三把火嘛。

上课的第一天，教师已经向学生介绍了自己，并帮助大家互相认识，还制定了规章制度、预期目标、学业要求等。接下来的两周就要考虑采用怎样的策略和技巧来建立好师生关系，加强课堂管理和落实课程教学计划了。

1．要尽快记住学生的名字，包括正确的读音，特别是某些日本学生的名字是不容易念对的。

2．调查了解学生的个人兴趣和爱好，向学生表示你的友好和关注。

3．为某些没有中文名字的学生取一个寓意美好、声音动听的中文名字（当然要征求学生本人的意见）。

4．让学生参与讨论有关建立轻松、愉快、秩序井然的课堂的举措，如：尊重他人、互动时的有效反馈、对不同意见的看法等。

5．利用批改作业的机会写下评语，肯定学生的学习特点和进步，以示你对学生的初步了解。

6．确保学生了解该课程的教学模式。

7．确定每一节课的常规活动。

8．给学生提供家庭作业规则。

9．给学生提供清楚的评分规则。

10．视情况进行一次摸底考试，确认学生的汉语水平等级，对不同程度的学生拟订灵活的学习计划。

11．对学生参与教学活动以及做出的努力和家庭作业完成的情况进行评价，给学生一些赞赏和期待的建议。

12．推选一位班长。

两周时间内要完成这些工作实在不易，需要老师做好周密的计划安排。具体细致的工作能帮助教师在短时间里建立起课堂管理模式，创造一个良好的课堂教学氛围，使教师和学生都能有一个好的开端。

如果不充分利用学期开始的最初两周进行课堂管理模式有效的学习演练，那么良好的课堂气氛恐怕是难以实现的。我们有的教师常常抱怨学生不按要求做，课堂气氛不活跃，多数学生不愿参与课堂互动等。学生素质低、不良的学习习惯是造成这些负面现象的原因之一，但是，我们应当注意到，这与教师开学初期的教学管理方式是密不可分的。

当然作为接近零起点的学生，汉语水平太低，以上的某些课堂规则，用汉语说明是有极大困难的，这就需要老师多开动脑筋了：外语、图画、动作、表情，一切可以使用的交流方式都可以用，只要能让学生明白就行，大家就“八仙过海，各显神通”吧！

（李小丽）

Q：51. 上第一节课前应该做哪些与教学有关的准备工作？

A：新的课程又将开始了，相信所有的教师（无论新手还是有经验的教师）都会既满怀期待又忐忑不安。如果能在上课前着手做一些相关的准备工作，相信可以帮助你满怀信心地迎接挑战。

第一，要尽可能地熟悉学生。熟悉和了解自己的教学对象是开展有效的教与学的第一步，也是实施有效课堂管理的关键。很多有经验的老师，都会在开学的第一天早早地站在教室前迎接学生的到来，老师亲切的微笑和得体的欢迎词会给学生留下强烈的第一印象。如果是个别教学，在上课前最好和学生约见一面，了解学生的汉语水平和所期望的学习目标，包括学生的兴趣爱好和以后的打算等，对学生的学习要求、性格特征、预期目标有一个大概的认识，以便在以后的教学中更好地加以学习指导。如果是班级授课，需提前熟悉学生名单，这个班有多少人？男女比例是怎样的？分别来自哪些国家和地区？教育背景如何？了解这些问题有助于在最短的时间内熟悉每个学生的情况。特别是学生的姓名，绝不能说错，对一些拿不准读音的生僻字要提前查字典，比如，有些日本学生名字中那些难以区分的姓和名，要仔细斟酌，当然也可以在课堂上当面向学生求证。

第二，做好建立班规的准备工作。所谓班规，就是课堂规则，它是课堂秩序的基础。课堂规则可以分为若干层次，有些规则是所有学校公用的，有些规则则只适用于特定的区域和文化背景，或者说特定的学校或课堂。课堂规则有的是属于明文规定的，但更多的则可能是在特定课堂环境中，教师与学生自行约定的、非正式的规定。例如，教师对下列教学情境中应遵循的规则应有清醒的认识：

当你点名时；当你进行听、说、读、写各项技能操练时；当全班进行讨论时；当学生进行小组合作学习时；当学生进行口头陈述时；当你布置作业时；当学生进行测验时；当组织班级活动时。

制定班规的目的是为了维持良好的课堂秩序、形成良好的课堂风气，以营造一种积极向上的课堂氛围，促进学生的学习。当然，这些规则不可能全部都明文写下来，更多的是依赖教师形成的习惯，并将这种习惯长期贯彻执行下去，更重要的是要设法让学生准确地理解你对他们的期望。即使教学对象是成年人，也需要讲究行之有效的策略。比如，如果不满意学生上课接电话、发短信，你可以把你的具体要求及时提出来。当你进行听、说、读、写各项技能操练时，你可以通过肢体语言和眼神交流要求大家都参与进来。在小组讨论或口头陈述前，可以问一问学生有哪些方法能够使大家都听得清楚并能积极参与，等等。那么究竟应该如何去做呢，这完全取决于教师个人。最好是在开始上课的第一天就能制定出与自己的个性和教学风格相匹配的班规，在教学过程中坚持执行，而且不断地予以强化。因为，明确的班规对有效的课堂管理是极其重要的。

需要说明的是，课堂规则应当通过教师和学生共同讨论来制定。一方面，我们面对的教学对象来自不同国家，有着不同的文化背景，或许学习习惯不同，或许学习要求不同，只有充分尊重各自的文化和学生的权利，才能最大限度地发挥学习者的积极性和主动性；另一方面，从管理学上看，只有学习者充分参与的课堂规则才可能得到参与者最大程度的支持。

第三，制定明确的教学进度，清晰说明教学的开始、结束、总结反馈和测验等。并对学习者的学习方法加以引导。

任何教学时间的安排都是围绕规定的教学任务展开的。对外汉语教学的课程性质决定了这门学科独特的教学模式和教学方法。对学习汉语的学习者而言，无论现有的汉语水平如何，都需要掌握高效的学习方法。学生对此的期望值很高，谁都希望遇到一位好的语言教师带他入门、帮他提高。因此，在上第一节课前，教师要明确教学目标，为教学目标选择最合适的教学模式，制定明确的教学进度，并且要把这些详细地告知学生，说明总的任务导向和具体的教学要求。总的任务导向包括课程的目标、要求、内容；教学进度和时间安排（教学的开始、结束、总结反馈和测验）等。教学要求要具体到每一课的教学时间、教学步骤、课前预习和课后作业等。必要时可对具体的学习方法加以引导，要学生明白什么样的学习方法是你所期待的，并在以后的教学过程中不断加以完善，确保学习成功率。

另外，准备并练习好你给学生的欢迎词，要求使用规范语言，话语热情，并且让学生明确你对他们的期望：好的班规是良好课堂学习环境的保证，明确的学习计划和学习方法则是成功的桥梁。

俗话说“好的开始是成功的一半”。如果你想第一次见面就给学生一个好的印象，并在以后的整个教学过程中都维持这种良好的课堂秩序，那么除了研读教材、认真备课、准备教案以外，做好上述准备工作是非常必要的。

（李小丽）

Q：52. 如何在短时间内建立起和谐、轻松的课堂气氛？

A：前面我们说明了开始上课的最初两周为什么很重要，这是因为这段时间是建立和谐、轻松的课堂气氛的最佳、最关键的时期，如果让它轻易地流逝了，后期要想改变课堂气氛是事倍功半的。那么如何在短时间内建立起和谐、轻松的课堂气氛呢？你可以试一试以下的策略和方法：

一、在尽可能短的时间里认识、了解每一个学生

每一次与学生见面、在课堂上面对面地交流，都会一次次地加深对学生的印象，但这还不够。开始上课初期，你一定要花些时间和精力努力地去认识、了解你的每一个学生。你可以在课后熟记学生的名字，把名字与形象一一对应起来。记住学生的名字有很多技巧，每个教师都有自己的捷径：可以抓名字的特点；可以抓学生的某一特征；可以借座位次序帮助等。千万不要说错或混淆学生的名字，若是错了，应立即改正，并诚恳地向学生道歉，有的教师善于用自我解嘲的方法化解尴尬的局面，如“今天星期一，请原谅”、“对不起，昨晚睡得太晚了”等，幽默感能摆脱潜在的困境。

总之，你要保证在一周甚至更短的时间内记住你们班所有学生的姓名，因为当学生在如此短的时间里被叫到名字时，他们会感到自己在教师心目中占有一定的位置，从而有助于师生之间更加和谐地进行交流，别忘了，世间最美妙的音乐是在别人嘴里听到自己的名字。

与此同时，你还要开动脑筋去观察、了解学生的兴趣爱好和性格特点，并且不能让学生看出你是刻意的。有的教师会在第一天上课时花些时间让每一位学生介绍自己：姓名、国籍、学汉语的时间、兴趣爱好等。但对那些性格内向、或是汉语水平稍差的学生是一个不小的压力，甚至会打击他们以后课堂参与时的积极性。哪些策略是更有效的呢？你不妨让学生互相介绍认识。例如，在第一次课上抽出一段时间，让学生分小组互动沟通：怎样在一个新环境里认识新朋友。

步骤1：教师提出互动要求，并提示一些交际技巧，如怎样打招呼、怎样自我介绍以及介绍他人等。对初级水平的学生，要求简单的介绍方法；对中高级水平的学生，要提供认识并了解新朋友（包括兴趣、爱好）的技巧。

步骤2：分小组互动沟通，教师从旁指导。

步骤3：小组代表报告：向全班同学介绍你刚刚认识的新朋友（其他组员）。

这种认识方法可以变被动为主动，让学生有了解其他同学、认识新同学的欲望，并且印象深刻，同时也活跃了课堂气氛，走出了良好的第一步。

二、想方设法让学生认识你

课堂交往是有目的的活动，是师生之间、生生之间协调、沟通，达成共识，调动各种资源和力量去实现课堂目标的过程。这个过程是建立在情感沟通基础上的，是认知沟通的过程，同时更是情感沟通的过程。在此过程中，教师作为主体要认识学生，学生作为主体也需要认识教师，学生要了解教师的性格、教学风格、知识背景等，并且这种认知将伴随着教学活动而不断地深化。

如何让学生尽快地了解你呢？一般说来，开学第一天的一个重要步骤是向学生介绍自己，除了你的姓名，还要提及你这个班的名称；你在这个学校工作或讲授这一科目多长时间了；也许还可以讲讲本学校和本班令你感到有趣的事情。有的教师会利用下课前的一段空闲时间，问一问学生对教师的期望是什么以及有没有想了解的问题。多花一些时间和精力让学生了解并适应你的思维方式，既能加深师生之间的情感交流，又对在短时间内建立起和谐的课堂气氛大有益处。

三、重视空间环境

课堂中的空间布局不仅直接影响师生的心理，也会影响课堂互动的进行和课堂气氛。其中，座位编排模式是十分重要的条件。实践表明，学生只有自己感受到课堂气氛恰当的时候才会有积极的课堂参与，“排排坐”的传统课堂组织形式不利于课堂互动和教学参与，教师可根据具体环境和条件实施恰当的座位编排方式，如圆桌式、小组式。如果条件有限，也可在课堂上多运用合作学习的方式，临时变化座位。这样做的目的只有一个：提供一个师生之间更为和谐的交流环境。

四、选出一个得力的班长

经过两周的观察以及各种努力，教师对每个学生都有了一个初步的了解，这时最合适的班长人选应该有倾向性了。与中学的班长不同，他一定要承担起汉语教师与学生之间的沟通联系任务，做一些事务性的事情，为全班同学服务。比如，通知事宜、收发材料、组织班级活动等。因此，班长应该性格开朗，与同学关系好，有责任心和服务精神，在学业和遵守课堂规则方面也能得到同学们的认可。不要小看班长的作用，有了班长，或许就有了全班的第一次活动——聚餐或郊游。在品尝美食欣赏美景的同时，了解熟悉班上的每位同学，何乐而不为呢？

（李小丽）

Q：53. 如何营造积极向上的学习气氛？

A：班级和课堂气氛是一种教师和学生产生互动、并沉浸其中的气氛或者情绪。教学效果好的教师不仅会使用多种课堂教学策略，而且还善于营造各种良好的课堂气氛，并且能够随机应变地变换不同的课堂气氛。

一些接受过专业知识和专业技能训练的新教师，对成为一名优秀的对外汉语课堂教育工作者充满希望和信心，对自己的教学能力和课堂教学效果也毫不怀疑，然而，刚刚过去的一学期的教学经历却让他们倍感沮丧，甚至对自己的教学能力产生了怀疑，感到彷徨、迷惘。他们抱怨课堂沉闷，学生没有学习兴趣，迟到、缺课现象严重，常常完不成教学计划，课程结束后学生的反馈是对学习内容没有什么印象，语言技能没什么提高。造成这种结果的原因是多方面的，而对一名课堂教学的组织者来说，营造积极向上的学习氛围，创造活跃的课堂气氛，做一个驾驭课堂的高手，是取得最佳教学效果的关键。在此，我们特别推荐以下方法：

一、培养学生的学习兴趣与动机

学生的学习兴趣与动机是影响课堂互动十分重要的因素，它们是构成学习活动的一种动力。外国留学生学习汉语困难，大部分不是由生理因素造成的，而主要是受兴趣和学习动机的影响。有些学生本来是满怀对汉语和中国文化的兴趣而来的，但教师在课堂上的互动方法影响了学生的兴趣和动机，从而导致部分学生学习兴趣和学习热情减退，难以收到预期的学习效果。经验表明，学生对某一学科的兴趣更多地有赖于特定的成功学习的经验，那么，教师的主要职责之一就是让学生对获得有用的知识本身发生兴趣，对汉语发生兴趣。

培养学生学习汉语的兴趣，除了依靠学生本人对汉语和中国文化的感情因素以外，还应在整个教学过程中激发和强化这种情感体验。心理学研究表明，人们为完成某项任务所愿意付出的努力程度取决于两个方面：一是对完成这项任务的后果期待的程度（奖励程度）；二是完成这项任务的可能性。因此，教师激发学生兴趣和动机主要有两条途径：第一，使学生认可教师要求的课堂活动的价值。这就要求教师要充分了解和调动学生学习汉语的需要，并将其与课堂中的互动性联系起来，通过听、说、读、写各项语言技能方法的训练，使学生的汉语水平有明显的提高，有学习的成就感。因此，运用恰当的课堂教学方法和技巧，让学生感到能够从你的课堂获得汉语知识并提高交际技能，从而接受你的教学模式，并积极配合、参与实践，这就能有效地发挥激励作用。第二，使学生认识到经过努力是可以达到目标、学好汉语的。这就要求教师的课堂目标、课堂要求必须符合学生现有的汉语水平，与学生的学习能力和汉语基础相适应，绝大多数学习任务，学生经过努力是可以达到的。因此，课堂上的教师要热情、稳定，支持学生，千方百计地减少课堂互动中学生的焦虑感和失败感。如果学生感受到他人的重视、关心和支持，会产生归属感和对集体规范的认同，就容易产生有效动机。

二、采用正确的教学方法

教学方法单一、课堂气氛沉闷、学生学习被动，会极大地影响学生的学习积极性，造成课堂互动和沟通的困难。而选择适当、灵活多样的教学方法则是改进课堂互动和沟通的重要途径和手段。"精讲多练"是对外汉语课堂教学的基本原则，怎么精讲，怎么多练，需要教师运用各种教学方法去实现。比如，参与式教学就明确提出了互动的要求，提供了不同的互动操作方法；小组合作学习、任务型教学也被广泛地运用于对外汉语教学；针对部分学生互动沟通困难的情况，可以选取分层教学法、分层递进教学法等，可以针对不同层次学生的具体情况开展有区别的教学活动。这些都是促进课堂互动、活跃课堂气氛的措施。

三、克服师生角色地位障碍

影响课堂气氛的另外一个心理因素是师生的角色障碍。一般说来，教师在课堂上容易产生权威心理和教师自我中心的倾向，有的教师有意无意地在强化着这种倾向，不尊重学生的意见和想法，使学生产生"敬而远之"的心理，时间一长，就会影响学生的学习兴趣，令他们不愿积极参与课堂互动。学习汉语的学生来自世界各地，尊重学生、尊重文化差异是我们与学生相处的一条基本原则。例如，在谈到某些中国社会问题时，学生常常以他自己的价值观和思考问题的方法来评论现象、发表意见，即使认识偏激，教师也要耐心地倾听、鼓励，并肯定他善于观察、思考的学习态度，进而循循善诱、恰到好处地点拨，并使学生明白你的观点和看法。这样，不仅在学生面前表现了教师的学识、树立了教师的威信，而且能加深师生间的了解、增进真挚的友谊。因此在对外汉语课堂中，师生关系更该民主平等，只有在这样的环境中，师生才能平等相待，坦率而真诚地参与教与学的活动，将教与学变成一种使人愉悦的情感体验。

四、为有效的课堂交往创造条件

1. 教学行为建议。有效的课堂交往要求教师做到热情、有活力；谦和、友善；自信、坚定；幽默、生动。课堂中的教师对待自己的教学工作以及所讲授的知识是否有热情，直接影响学生的兴趣和热情，并对课堂气氛产生重要的影响。但对多数教师而言，课堂所讲授的可能是自己讲过多遍的内容，每每要保持一种热情状态确实是一种挑战。为此，课堂中的教师在非语言方面应该注重：衣着整洁、得体，令学生感到有精神和活力；表情自然，举手投足给人以灵活、大方的感觉；课堂中的音调可以略高、有变化，可适度加强语气，声音明快有力。在语言互动方面，更多运用积极正向的言辞，对学生尽可能表现出接纳、一视同仁、不随意比较的态度。

谦和、友善的教师应当在非语言沟通方面保持微笑、神情轻松、情绪平和，让学生感到温暖、安全；姿态要自然，语气要和缓，切忌用不耐烦或者急切的口吻。在语言沟通时，要主动询问学生的学习感受和存在的问题，多与学生交流，并告诉学生与自己联系的恰当方式。

学生对教师的信任是提高课堂气氛的关键因素之一，学生对教师的崇敬（甚至某些崇拜）能促使课堂效果的不断提高。经验证明，自信、坚定的教师更容易得到学生的尊敬和信任，因而课堂教学更容易取得成功。为此，教师的课堂语言一定要自信、果断，并能根据需要变换语调，富有感染力，切忌有气无力。当你站在讲台上时，能否做到将班上的情况尽收眼底？能否做到与学生进行充分的眼神交流？能否避免使用过多的手势和肢体动作？当你与学生交谈时，你的肢体语言是否自信？（抬头、下巴稍稍扬起、全身放松、气定神闲、不卑不亢）

除此之外，幽默、生动是最受学生欢迎的课堂特征，直接影响着课堂气氛。教师要实现幽默、生动的教学，应当善于运用表情以及肢体语言，善于运用声音技巧，在教学中间可以适当安排笑话、趣事、使用诙谐的言语等。

2. 恰当运用课堂互动策略：策略一，通过情感的调节与运用促进课堂互动。比如：建立合适、积极的教师期望，因为教师的期望往往会决定学生的自我期望，影响学生的努力程度；对学生多表扬，少批评、嘲讽；鼓励学生自尊、自信、自治。策略二，恰当运用教学策略。比如：进行有效提问，因为有效提问是互动技能的具体体现；提供及时的反馈，教师为学生提供及时的、适当的反馈，才能使互动继续进行下去；加强课堂语言修养，因为教师的课堂语言直接影响互动的成效。策略三，通过有效的课堂管理策略促进良性课堂互动。比如可以运用课堂合作策略（小组学习、合作学习）；课堂竞争策略。尤其是小团队的竞争，都会收到不错的课堂效果。

（李小丽）

Q：54. 学生上课听音乐、吃东西以及出现干扰教学秩序的现象应该制止吗？

A：课堂上的各种不恰当的行为，如：大声说话、吃零食、随便走动、小动作、故意大笑、不服从教师等，均属课堂问题行为，是破坏课堂秩序和纪律、不遵守课堂规则的表现，这在青少年学生身上表现尤为突出。在对外汉语教学课堂上，即使是成年学习者，也会出现一些干扰课堂活动、影响教师教学和其他学生学习的“问题”行为，较为普遍的是：交头接耳、听音乐、吃东西、随意离开座位、接听手机等。这些行为无论轻重都会影响教师和学生的上课情绪，所以，必须制止。制止这些行为通常包括三个步骤：预期、示范和修正。

预期——教师要提前预期到这些行为的出现，并在这些情况发生时及时把握。因此，开始上课的第一天，就要制定明确的课堂规则，提出教师对课堂教学环境的希望：遵守上课时间；不交头接耳影响他人；不做影响其他同学注意力、干扰他人学习的事情，如听音乐、吃东西、随意离开座位；上课时应关闭手机或将手机调至“振动”，不随意接打手机，等等。而且让学生明白：好的课堂环境是课堂教学顺利进行的保证，无论文化背景如何，学习习惯怎样，既然来到了一个新环境，就要入乡随俗。

示范——是指教师的表率作用，教师一定要带头遵守课堂管理规则，并且要勇于承认错误。作为教师，一定要准时上课，准时上课可以确保你在教室里的“主场”优势，可以按照你的方式去组织学生活动。事实上，在你进入教室以前的一段时间里，学生彼此之间已经建立了一种行为准则和一种高度的默契，他们很反感那些擅自闯入其中并破坏规矩的人。试想，如果教师上课迟到，必然会失去一种心理优势，而且不得不花宝贵的时间将心理优势从学生那里争取过来，因为学生认为教师上课迟到，或者本该去上课却还在休息室里打手机，这样的行为是很无礼的。万一你迟到了，最好向学生道歉，并解释你迟到的原因，给学生做出榜样，这样也有助于你处理学生上课迟到的问题。如果有一天上课你忘了关手机，上课时突然铃声大作，你必须立即关闭手机，诚恳地向学生致以歉意，并保证以后绝不再有类似情况发生。在课堂上，除了水以外，你不要当着学生的面毫无顾忌地吃任何东西，更不能在学生做练习时上网发邮件、浏览要闻。要记住，赢得外国学生的尊敬，绝非易事，这更要求我们要从细节注意。

修正——如果各种方法你都尝试过了，仍然有干扰课堂秩序的行为发生，就需要教师出面干预制止了：（1）语言提示。这是纠正课堂不良行为的主要办法，教师在操作时应该注意：不是严厉地批评学生，让学生陷入尴尬的境地，而是要告诉学生应该怎么做，对学生进行正面的提示。（2）非语言提示。可以通过有特定表情的目光与学生交流沟通，制止和修正学生的某些不恰当的行为。一般说来，可以先用目光发出警告，当问题的严重性升级时，再从非言语手段转到言语手段。例如，当你发现一个学生戴着耳机听音乐而没参与课堂互动时，你不用中断操练，而是望向该生，用眼神示意他要停止正在做的事情、全身心地投入到课堂教学中来，同时想办法提出一个问题，并说明希望听到他的答案，用提问方式监督他，直到他按照你的要求去做为止。如果在小组活动时有学生在听音乐或玩手机，你也可以利用“眼神警告”，或朝他做个手势，还可以走过去用眼神与他交流，但眼神不一定是严厉的，而是要用一种期待、温和的眼光注视他，眼神可以显露你的自信程度，学生从你的眼神中可以看出你是否感到自信，它有助于学生的投入。如果学生仍没有按你的要求去做的话，你可以在他的空白纸上写下一句话，然后走开。这种做法已经向学生暗示你的态度了，同时也给学生留足了面子，这样做通常可以达到目的。

含蓄地中断讲课也是一种有效的非语言行为暗示。当课堂上三两个学生在交头接耳时，你只需停一下儿，制造出一种不自然的沉默气氛。这种方法可以将全班学生的注意力引向正在违纪的学生，沉默的气氛加上有意的教学中断，足以让学生终止自己的不当行为。

（李小丽）

Q：55. 学生为什么会迟到、缺课？

A：语言教学往往是小班上课——一个班从几个到十几个学生，最多一般也不超过三十个。如果本来就只有十来个学生，上课时几个没来，几个迟到，我想那位老师的情绪肯定会受影响的。

教学是个复杂的活动，教学中出现的问题也是原因多多，因此对学生迟到、缺课等现象，也要多问几个为什么，不能简单化地将问题归结为学生太懒。

首先要先从学校和老师自己的角度寻找原因——学生迟到是只有早上迟到？还是任何时间段都迟到。如果只是早上迟到，原因大概是这样的：学校安排的第一节课时间相对外国学生来说太早，比如早上八点上第一节课。迟到的学生往往是因为昨晚睡得太晚而早上起不来。

中国人提倡早睡早起，讲究一日之计在于晨，是基于农耕文化“日出而作，日落而息”的传统，所以中国人往往早晨学习的效率比较高。而我们面对的学生，特别是来自工业化程度较高的国家的学生，早就养成了“夜猫子”的习惯。他们白天怠惰，学习效果很差，夜里精神，越晚反倒越勇。他们如果能来上早上的课，只是迟到，那已经是很不错的了。所以有些国外的学校，早上一般是九点甚至更晚一些上第一节课。如果大多数学生早上都起不来，要迟到，学校索性将上课时间推后也不失为一种办法。

如果学生在任何时段都迟到，甚至缺课，那先反思一下，是不是老师授课的水平太低，把学生“上跑了”。汉语教学是个入门的门槛相对比较低的职业。甚至有人振振有词地说，是中国人就能教汉语！有些汉语教师并没受过汉语教师的专业培训，并没有树立起汉语教学的学科意识，只是凭着自己的感觉和热情在上课，这就需要教师时常反思并尽可能快地提高自己的教学水平，先力求站稳讲台，不被学生赶跑。再求站好讲台，把学生吸引住。

有时学生逃课是因为管理过于松懈，没有建立有效的课堂纪律，把学生“惯”懒了。一般说来，学生总有惰性，完全凭自觉是不行的，特别是年龄偏小、自制能力偏弱的学生更是这样。所以需要一定的纪律约束，该点名时还是要点。甚至对缺课太多的学生应该给以批评和适当的处理——比如取消考试和得到证书的资格等。

当然有些学生逃课的原因更加可笑——仅仅是老师的行为举止不入自己的“法眼”。有些老师的穿着、打扮过于随便、“怪异”（至少在外国学生眼里是这样），看老师不顺眼就不来了，眼不见为净嘛！这时老师应该多了解一些涉外礼仪，争取做到着装、举止得体，提高自己的亲和力。

还有的学生社会关系复杂，应酬过多，今天陪来华的亲戚参观游览，明天参加朋友的聚会，总之什么事情都比学习重要。这样的学生往往是因为学习目的不明确，缺少学习汉语的动机和兴趣。老师要逐渐使他们认识到学习汉语的重要性并用中国文化的魅力逐渐提高他们对中国文化和汉语的兴趣。

有的学生逃课是因为厌学，他们过去因为缺乏有效的学习策略或是先天能力不足而缺少学习成功的经历，也很少体会过学习成功的快乐，由于总是硬着头皮学，早已形成了厌学的不良心态，也受够了周围人们的白眼，对自己的学习能力往往缺少自信。对这样的学生要多鼓励，要善于看到他们的点滴进步并及时给予鼓励，要知道，这样的学生最需要老师“雪中送炭”的表扬。

除了上面这些比较表面的原因之外，其实学生有时逃课还有更深层的原因，比如，人们在学习时要凭借着自己的视觉、听觉、触觉等各种感觉通道接受信息。而学生往往会有这种情况：对自己的某一种感觉通道比较依赖，通过这一通道接受的信息往往能比较好地内化成自己的知识。比如听觉型的学生不喜欢自己看书——自己看不容易懂也不容易记住，而比较依赖自己的耳朵，同样的内容听别人讲一遍就有很好的效果。这样的学生一般喜欢听课，只要老师讲得别太差就行；而视觉型的学生一般比较依赖自己的视觉，对他们来说，百闻确实不如一见，听老师讲课往往效果不好，一是不容易听懂，听懂了也不容易记住。有时上课时听得很热闹，下课后却是一片茫然；而同样的内容自己看一遍则效果更好，不仅容易弄懂而且不易遗忘。这样的学生有时会觉得去听课是浪费时间，而宁愿逃课，自己在宿舍、图书馆里看书。因此老师要熟悉你的每一个学生，了解他们的学习风格。

总之，迟到、缺课看起来行为一样，但原因却有可能千差万别，老师要了解自己的学生才有可能给他们有针对性的指导。

（张宁志）

Q：56. 学生上课迟到、缺课，不交甚至不做作业怎么办？

A：上文我们分析了学生迟到、缺课的原因，若是这种现象频繁出现，必定会干扰课堂教学秩序，影响教学计划和教学效果，对此可以采取哪些举措呢？

1．建立预防策略。其一，课堂规则是教师和学生共同制定的，在上课的第一天，就要制定一些维持有效的课堂教学秩序的规则，并要让学生明白，遵守这些规则既是尊重自己，也是尊重他人，因此课堂环境的维护依靠的是全体学生的责任感。其二，制定可预测、前后一致的纪律。一旦制定了规则，教师就应该确定当学生违反了这些规则时，应该采取什么样相应的惩罚措施。例如，迟到n次（如4次）可视为一次缺课，缺课时数如占学期总课时的三分之一以上将取消成绩获得资格。或者将迟到次数与平时成绩记录挂钩，以监督学生迟到和缺课的现象。

2．教师干预。虽然制定了课堂规则，但有的学生仍然迟到，而且随着教学时间的推移，缺课情况愈发严重。这种情况就需要教师进行有效干预。首先，了解学生迟到的原因。交通不便、工作繁忙、不能早起等都可能是学生迟到的原因，对不同的原因要采取不同的处理方法。

有一位英国学生，和其他学生在校外合租一个公寓，几位室友互相影响，从没按时进过教室，而且对教师的批评不以为然，因为他认为与其他室友相比，他是最早到学校的，而且和在国内的高中时期比起来，在按时上课方面已经有了不小的进步。他的任课教师了解这些情况后，和该生进行了沟通，约好可以共同努力以便做得更好。教师主要着手做了以下几件事：建议班长或跟该生比较要好的同学每天早上用手机短信进行提醒；该生每天进教室时即使迟到了，只要比上一次早一分钟，就对此认可，甚至进行表扬；帮助该生建立和展示自信。至于如何帮助该生建立和展示自信，这位老师也做了有益的尝试：在与同班学生的交流和平时的观察中，教师发现该生性格内向，在课堂上不愿表达自己的想法，班上同学的感觉是“每天来上课，除常常迟到没什么印象。”但这个学生善于思考，对许多问题有自己的想法。每个人都需要被重视。在课堂上，这位老师有意给该生创造一些表现的机会，多让他回答问题，鼓励他说出自己的意见，对该生的每一点进步都积极地认可，结果是同学们逐步接纳、关注并开始欣赏起他来，他对自己以及学业的感觉也越来越好，不知何时开始，该生已经不再迟到、缺课，因为他已开始把上课当成了一种乐趣。

学生迟到、缺课现象严重，当然有学生自身的问题，但与课堂环境、课堂活动和教师行为也有很大关系。教师应该在上课前五分钟进教室，不存在教师要等所有学生都到齐了才上课的说法，你越迁就，就越容易使学生产生惰性，他们会认为：别人能迟到，我也可以迟到；别人可以违纪，我也可以违纪。大家都如此，教学就很难进行了。另外，创造积极的学习氛围是扭转这种局面的重要措施之一。在课堂上，教师应该鼓励学生的适当行为，以灵活的方法来包容所有学生的不同需求，并以一种可靠稳定的方式与学生互动，以此建立起积极的学习氛围，使学习成为一种充满乐趣的体验。这样，学生就能乐于来学校，并因为学业有所收获而受到激励。

除学生迟到、缺课现象严重以外，学生不做、不交作业也是令教师头痛的问题。为杜绝此现象，在上课第一天制定课堂规则时就应向学生明确作业要求，让他们明白你的作业计划安排，更重要的是向学生传达这样的信息：作业是学习效果的有效反馈方法，它可以帮助教师进一步了解每个学生在学习中的薄弱环节，也是对教师教学效果的监督。如果相同的练习错误率过多，比如不止一个学生写出这样的句子：这本书一点儿难。就说明“一点儿”和“有点儿”的用法学生并不清楚，因此，教师就有必要在下次课上进行讲练。

正因为作业可以监控学习者的学习情况，就要求教师要认真批改作业，并及时给学生提供反馈意见。作业其实是你与学生进行交流的一个很好的平台，你可以充分利用它。有的教师会在学生的作业本上加上自己的评语，如：“把写错的汉字多写几遍，相信你一定会记住的。”、“你对问题的理解很深刻，我同意你的看法。下次上课时能给同学们做一个口头报告吗？”、“今天的语法错误较多，有问题请找我。”，等等。另外，教师也可拿着学生的作业直接跟学生交流，当面提醒他应注意的问题和你的希望。

如果你做了很多努力还是有学生不做、不交作业，那就要反思一下了。我们面对的是不同年龄、不同教育背景和文化背景的学生，教师不仅要尊重学生的人格，也要考虑学生的时间安排。除了教师布置的作业，学生还有很多有意义的事情要做：熟悉一个新环境、新文化，与当地人交流，参观名胜古迹，这些活动有利于学生的语言实践。所以，教师要善于控制作业总量，布置作业应讲究技巧，哪些是必须交给教师的书面作业，哪些是口头练习或可写在书上的，哪些是课堂上师生共同讨论完成的。当然，如果是因为学习态度有问题而不做作业的，就要采取一定的干预措施，如将完成作业作为平时成绩考核的一部分等。

（李小丽）

Q：57. 有些学生过分积极，有“独霸”课堂的倾向怎么办？

A：有些学生在课堂上表现得过分积极，他们总在说话，抢着回答教师提出的每个问题，即使教师要求学生按座位顺序发言，他们也会管不住自己的嘴，甚至抢教师的话头，这种“独霸”课堂的势头令同学生厌、令教师头痛。

有两位这样的学生——何塞是墨西哥人，他最大的特点就是好学，而且特别努力。他很有抱负，希望两年以后能胜任海关的汉语翻译工作。他性格开朗、热情洋溢、充满活力，很受全班同学的欢迎。但开学后不久，同学们对他的态度开始转变了，何塞上课时表现得过于活跃，总是抢答问题，无论懂不懂。而且在听力课上，一个问题刚听完，他就说出了答案，以至于扰乱了其他同学的思维。而每次抢答问题后，他都洋洋自得，若是碰巧答案正确，他会表现得欣喜若狂。通过观察，教师发现何塞最主要的问题是好表现自己，他性格外向，上课主动积极地参与课堂互动、不怕说错、口语能力进步很快，这些都是值得肯定的。然而，表现得过于积极以至于干扰了课堂秩序就需要进行干预了。另一位学生是俄罗斯女生塔尼娅，是个高级知识分子，就职于研究部门。塔尼娅最大的特点是认真，对什么问题都要追根究底，同时喜欢标新立异、独树一帜，课堂讨论时，对每个同学的意见她都要发表评论，故意唱反调，而且喋喋不休，以至于只要她一开口，别的同学就表现出不愿参与的情绪。经过观察分析，教师认为塔尼娅的问题在于社交能力缺失，这种人常常不知道怎样用言语来增强与他人的关系，总是摆出胜人一筹的姿态，善于替对方发表意见，批评对方的想法、行为，甚至以曲解对方的观点来美化自己的论点以期能在交谈中取胜。

具体问题具体分析，但无论如何，教师都要控制好自己的情绪，心平气和地对待让你头痛的每一个学生。面对这样的学生，可以采用的具体方法是：

1. 有效地使用表扬和批评这一策略。人们都希望听到赞扬的话，即使成年人也不例外。何塞抢答问题，是因为好表现自己，希望自己的努力能得到教师和同学们的认可。于是，只要何塞的回答是正确的，教师就以略带夸张的语气肯定他，并适时要求他听听别的同学的答案是否跟他一样出色，以约束他再次抢答；如果他回答错误，教师仍然使用夸张的语气表示失望，并希望他认真思考后再做回答；何塞性格开朗，有时教师就用一些幽默、玩笑的话敲打、刺激他，让他意识到同学们喜欢怎样的何塞。而对塔尼娅，当她发表意见时，即使谈论中国社会问题时某些观点过于偏激，教师也专心倾听，听后心平气和地做出评价，主要肯定她说的有道理的地方，表扬她有独到的见解，同时客观地指出她表述中错误的语法问题以及在某些方面分析问题的局限性，同时给她一些讨论这些问题时用汉语正确表述的表达方法的建议。

2．经常性地与学生交流沟通。除了课堂上实施有效的引导策略之外，私下的交谈往往会有更好的效果。下面是教师与何塞的对话：

“何塞，我想知道为什么上课时每一个问题你都要抢着回答呢？”

“我也不知道。可能这样我觉得我一直在认真上课，没有开小差。”

“不错。有些问题你回答对了，可有些问题你的回答却是错的，你认真思考了吗？”

“这只是我的第一感觉，也许我想一想就有正确答案了。”何塞的回答很诚恳。

“对呀，下次上课的时候你先别急着说话，想好了再说，就更好了。”教师趁机提醒他。

“好吧，我可以试一试。”何塞答应道。

与塔尼娅的谈话需讲究技巧，她性情孤傲，又是女生，若是问题处理不当，那么在未来的日子里，很可能给师生交往带来消极影响。于是，在与她的谈话中，教师肯定的语气多，称赞她思考问题的深刻性和独特性，感谢她主动积极地参与课堂活动，同时向她解释让其他同学试着回答的必要性，建议她“认真听，主动说”，这是课堂上与同学交流沟通的有效方法。

尽管“独霸”课堂的学生很使教师头痛，然而，只要教师能够心平气和，尽可能多地关注他们，并具有创造性地解决不同学生的问题，就能够使这些学生转变态度，回归正常。

（李小丽）

第七章
教学技巧篇

Q：58. 新教师上课怎样使自己不紧张？

A：众所周知，人们不管做什么，总要有一个从不熟悉到逐渐熟悉的成长过程。但教师是个要求比较高的职业，它需要从业人员快速成长。没有哪个学生希望自己遇到的是个没经验的新手，就像没有哪个病人希望自己碰上实习大夫一样。学生巴不得老师没有成长期，最好一开始就是合格的、老练的，甚至是优秀的老师。

作为新教师，刚开始上课肯定是要紧张的。不少新教师站在学生面前神色紧张，表情拘谨，声音呆板，动作生硬，不敢跟学生进行目光的交流，总是低头看自己的教案……把自己作为新手的紧张心理在学生面前暴露无遗。

心理学家认为，紧张是一种有效的反应方式，是应对外界刺激和困难的一种准备。有了这种准备，便可产生应对瞬息万变的力量。因此紧张并不全是坏事。然而，持续的过度的紧张状态，则能严重扰乱机体内部的平衡，影响我们思维和行为，降低我们的工作效能。所以新教师想要让自己站稳讲台，就必须克服过度紧张的不利影响，才能逐渐站好讲台。

那么，怎么能让自己尽可能像个老手一样镇静自若地站在讲台上呢？

首先，你要确立汉语教学的学科意识，要正确对待你所从事的工作，一定要摈弃“是中国人就能教汉语”的幼稚看法。要认真对待你上课的每一分钟，临场紧张往往是准备不足，这包括思想上和心理上的准备。

其次，你应该有自信，要知道汉语是你掌握得最好的一门技艺，即使你不是汉语教学专业和相关专业毕业（比如中文、外语）的，对汉语的理性认识不够，汉语语法你自己也不能完全讲清楚，学生的错误你未必能发现其来源，但你的汉语水平比你面前的任何一个学生都要高（即使他也许是汉语教师），你的语感是绝对没有问题的，你至少可以判断他说得对还是不对，学生就是只依靠模仿也可以学到一些新的东西。当然了，你如果没接受过任何专业培训，我也不建议你贸然地走上讲台。

下面是一些消除紧张的方法，希望能对你有帮助：

1. 练习（排练）——备好课以后，如果有时间，不妨对着镜子排练几遍，如果能有听众肯配合就更好了。紧张常常是对授课内容不熟悉，练习可以让自己对教学内容更熟悉，讲授的语言更上口更流利。如果你能把教案大体背下来，连课文都背得很熟，那你还紧张什么呢？不会是怕学生吃了你吧？

2. 降低你内在的欲望——不要过分在意自己的表现，比如，我的衣服是不是穿得不对？学生会怎么看待我的发型？我今天的课是不是讲得很糟糕？学生在下面是不是在偷笑我？而要把注意力尽可能放在教学内容上。因为人们在特定的场合中，都会有一种内在的表现欲望——希望给对方留下好印象，而想把自己的缺点隐藏起来，这是很自然的事。然而，这种欲望过强，就会很在意自己的表现是否完美，因而造成紧张情绪。当我们不苛求自己能让人人满意，也不苛求别人对自己处处满意，能容忍自己失误或失态，不去过分在意自己的表现，而是追求自然的表现，紧张情绪自然就不会发生了。

3. 积极而轻松的开始——良好的开端是成功的一半，精心为自己设计一个尽可能精彩的开始吧！你可以在组织教学的阶段，通过师生之间的问答，谈论一个轻松有趣的话题，讲自己一段有意思的，并与今天讲课内容有关的经历等，但要注意，这一切都要符合学生的汉语水平，学生听不懂是不会起到好作用的。

当然你要是能提前点儿到教室，主动跟陆续进来的学生打个招呼，开个玩笑，对你马上要上的课也会有帮助，跟学生越熟悉，越不容易紧张嘛！

4. 使用视听或多媒体设备——如果教室里有视听或多媒体设备，你又可以使用，那你就应该大胆地使用，这些设备可以吸引学生的部分目光和注意力，无形之中减轻了你的压力。

5. 深呼吸——如果前面的措施都有了，还是忍不住紧张，那忙里偷闲（当学生自己活动时，比如分组练习，认读生词和课文时）在心里默默地对自己说："我上得很好，我上得很好！"同时作几遍深呼吸吧！

（张宁志）

Q: 59. 汉语教师为什么要控制自己的语言表达，课堂提问为什么不能"张嘴就来"？

A: 教过汉语的人都能体会到"用汉语教汉语"的难处——汉语既是教授的内容，又是教学的工具。没有教学经验的教师上课时都饱受"鸡同鸭讲"的困惑和痛苦。事实上，要想用汉语解释所有的汉语词汇、语法是非常困难的，甚至是不可能的。

比如，如果一个学生真的在课上问：“桌子是什么？我不懂。”那老师就要小心了，如果你这样解释：“桌子是一种家具，上面有一个平面，放东西，下面有四条腿。”那学生听完后最大的可能是：桌子依然不懂，同时不懂的词又增加了几个——家具、上面、平面、放、东西、下面、条、腿。如果老师进一步解释：这个平面有的是正方形的，有的是长方形的，有的是圆形的。其结果只能是又增加几个生词而已。当老师看到学生听不懂，放慢速度再重复几遍仍然不懂时，不免会“怒从心头起，恶向胆边生”——这都是什么学生啊！我已经讲得够清楚了，难道你是弱智吗？——当然，责任并不在学生。

因此，作为一个合格的汉语教师首先要控制自己的“嘴”，也就是说要有意识地控制自己的语言表达，使自己的教学语言符合学生现有的汉语水平。要做到这一点，首先要有控制自己汉语表达的意识，才能逐渐提高自己语言表达的“穿透力”，用最简洁的、学生能听懂的语言，讲清楚学生弄不懂的道理。具体说来是：

1．词汇意识——学生没学过的生词尽量不用。这首先要了解学生的词汇量。如果学生是从零开始到你的班里学习的，要掌握学生的生词量并不十分困难——因为学生所学的生词都是你在前面的课时里教给他的。但你的学生如果在进你的班级之前，已经学过一段时间，有了一些基础，你就很难判断了，这就需要你随时注意倾听学生的汉语表达，同时要了解学生以前学习汉语的各种情况：教材、时间等。

2．句法意识——学生没学过的句式尽量不说。有时必须要用到某一个学生没接触过的句式时，也要尽量说得简单一些，生词少一些（甚至没有生词），如果能用一个近似的，学生已经接触过的句式对比一下，可能会更好。

3．语速意识——给外国学生上汉语课。语速的变化很重要。老师要有语速的意识，在整个教学的过程中，要有从慢到快的变化，老师要根据学生的接受能力适时适度地调整自己的语速。

其次，在解释一个词语和语法句式时，要注意，解释性的语言一定要在词语和句式上尽量避开被解释的词语和句式。

有一位老师曾经这样给学生讲解“跟……似的”这个句式：

大家注意“似的”前面常常有“跟、像、好像”，可以说，跟什么什么似的，像什么什么似的，好像什么什么似的。那么，大家注意，平时我们也可以说，跟什么什么一样，像什么什么一样。它的意思，跟什么什么似的，就是跟什么什么一样；像什么什么似的，就是像什么什么一样。但是你们注意，这个“似的”可跟“一样”不一样，意思不是一样的。啊，但是在一起的时候，跟什么什么似的，它的意思是，跟什么什么一样，在一起一样，但是如果只是说“似的”，跟“一样”不一样，不是一样的意思。

这段解释性的语言不知大家是否看明白了。我们中国人即使看明白了，也觉得它有点“绕”，而外国学生是很有可能被“绕晕”的。这段话之所以比较费解，就是解释型语言（词语和句式）和被解释的词语句式纠缠在一起了。仔细分析的话，这段话应该表达了两层意思——我们以前学过一个“跟什么什么一样”它跟今天的“跟什么什么似的”意思上差不多；但是要注意：“似的”“一样”这两个词语，是不一样的。另外，如果老师在讲解时不仅仅依赖自己的语言，而是适当用一点板书，用一些各国通用的符号，可能更有利于学生的理解，比如：

跟……一样 ≈ 跟……似的

一样 ≠ 似的

如果能用例子来说明两者的不同可能会更好：

他们一样高。√　他们似的高。×

除此之外，汉语教师要对用汉语讲汉语的困难有充分的认识，要知道：无论多么有经验的老师，完全用汉语解释汉语也是不可能的，所以需要各种辅助性的手段：

1．少量地使用一点儿学生的母语或学生懂得的另一种语言（通常是英语）。

2．用图片、画片、实物展示名词和部分形容词，用表情、手势、体态等展示动词，等等。

再次，教师在进行课堂提问时切忌“张嘴就来”，教师提出来的问题并不都是有意义和有价值的，怎样设计课堂提问，才能使其合理、恰当、有效呢？

有这样一个真实的教学场景：一位老师拿着一张图片。图片上有一个男顾客在商店里买水果。老师问学生：

老师：麦克，看这张图片，这个人在做什么？

麦克：他在商店。

老师：是的，很好，他正在商店。还有呢？

麦克：（满脸疑惑地看着老师，支支吾吾地说）他……穿着……黑色的衣服……

老师：不对，坐下！玛丽，你告诉我，他怎么啦？

玛丽：（一脸茫然）？……

上面的一段对话仅两个半话轮，教师只说了简单的几句话，却至少有五处不妥：

1．先点名后提问。因为先点名，后发出看图画的指令，除麦克以外的其他同学，就有可能在看图画的时候分神，而只叫麦克一人回答，那别的学生就更可能懈怠——在麦克回答问题的时候，别的同学会认真看图思考吗？他们会在心里默默地回答老师的问题吗？很难说。

2．所提问题不清晰，不明确。“他在做什么？”“还有呢？”之类的问题，很难让学生准确把握教师提问的真正含义，因此，在回答的过程中，学生不得不努力揣度教师的真实意图，甚至可能不知所措。

3. 教师不能因为学生的答案不是自己需要的就轻率地判定学生“不对”。在本题中，教师原本希望学生回答“他在买东西呢”或“他在买水果呢”，学生似乎是答非所问。但图中的人的确穿着黑色的衣服，因此，学生的回答并非“不对”。

4. 对学生的反馈语言组织不恰当。“不对”“坐下！” 这样的教学用语过于简单直接，语气过于生硬甚至无礼。

5. 所提问题没有明确的答案。老师对玛丽的提问：“你告诉我们，他怎么啦？”这个问题对答案没有明确的要求，让玛丽怎么回答呢？

因此，教师既要保证自己的课堂用语简洁凝练，符合学生已有的水平，还要有意识地设计课堂提问。作为一名新教师，在对教学的规律性掌握不足，教学经验不够丰富的情况下，要对课堂用语进行周密的设计，不断积累教学经验和技巧，这样才能取得良好的教学效果。

（张宁志、蒋荣）

Q：60. 课堂提问怎么激发学生的学习兴趣？

A：课堂提问是一门艺术，要想利用课堂提问来激发学生的学习兴趣，首先要注意选择合适的角度，要根据学习者的兴趣，注意抓住学生的兴趣点和关注热点，采用活泼、生动的方式，带动学生热情参与。比如同样是提问生词的意思，但“猜生词”的提问方式就比直接问“这个词是什么意思？”要更能激发学生的学习兴趣。课堂提问的角度是多样的，方式也非常丰富。教师要活跃课堂气氛，丰富课堂教学内容，除了考虑提问的角度，还要学会灵活运用多种提问方法。

在对外汉语教学中，常用的提问方法有以下几种：

1. 单个回答——由个别学生单独回答某个问题。

2. 集体回答——由全班学生集体回答某个问题。

3. 小组讨论——由小组成员集体讨论，最后由小组代表回答，其他成员补充。

4. 全班讨论——由全班同学共同讨论同一问题，各抒己见，相互补充。

5. 让学生就某一个内容自行设问，请老师或其他同学回答。

6. 学生之间轮流问答。

7. 分性别，男生女生互相问答。

教师问学生答的方式当然还是非常重要的形式，但一个优秀的对外汉语教师一定要能根据教学目标和教学设计综合使用各种提问方式，单一的某种提问方式既沉闷枯燥又不可能使全体学生都获得充分的练习机会。

当教师提出问题后，学生可能不能马上给出答案，这时，教师一定要耐心等待，给学生时间思考。这是不少新教师或者经验不丰富的教师特别需要注意的一个细节。因为遇到这种情况时，一些缺乏经验的教师担心影响教学效率，耽误时间，就会迫不及待地自己马上帮学生把答案说出来。这样，学生没能实现自己思考，也就没有达到你提问的目的。这种时候，教师首先不要着急，你可以先环视全班学生，用目光鼓励他们。也许一会儿学生就能找到答案。假如等待学生仍然没有回答出问题，教师可以选用以下技巧帮助学生找到问题的答案。

1. 鼓励。有时学生没有作答，可能并不是他们不知道，只是他们觉得自己的答案可能不准确或者不完善，这时，他们需要进一步的鼓励或在老师的帮助下，给出系统完整的回答。这个鼓励可以是一个手势，也可以是语言暗示，或鼓励的话语，比如“没关系，请试试！”“我很想听听你是怎么想的。”“我们一起来试试。”等。

2. 补充提问。补充提问是一种探究形式，有时学生的回答是不全面的，模棱两可，或仅局限于一点。这时，教师进一步的提问可以帮助学生理清思路，从不同的角度审视原问题，给出更综合的回答。

3. 提供补充信息源。学生可能尝试给出了某个答案，但因为缺少某些关键的信息，所以不太正确。由于教师非常熟悉这个问题，所以，这时可以提供一些造成学生回答困难的缺失信息。比如总结“把”字句的使用特点时，学生可能只能总结出一部分，但教师可以通过提供补充信息来帮助学生自己发现答案。如果他们没发现否定结构的位置，可以提醒他们“你们可以看看‘不’和‘没’在哪儿？”。这样补充提醒的方式要比直接告诉他们正确答案更容易被接受。

4. 及时转向。假如一个学生经过鼓励、帮助后仍感到问题困难时，这时应该请其他学生帮助回答。要注意，一定不能让这位答不上来的学生感到难堪，挫败其自尊心和自信心，影响他听课的心情。

此外，无论学生回答得正确与否，一旦学生回答了提问，就要给他们积极反馈。我们对学生的回答要热情鼓励，请不要吝啬你的鼓励语言和掌声，你可以从最简洁的语言“好”“不错”“非常好”“很有趣”“好观点”“太棒了”等，到针对具体成绩而展开的评价，比如“这是一个非常好的回答。不但组织得很有条理，而且观点还很新颖。”这样类似的话语就向学生表明，他的回答不仅被接受，而且还得到了称赞。这种反馈能给学生一种成就感和满足感，从而有效地激励他们踊跃参与。因此，对回答的积极反馈应该是一个好教师的秘密的小技巧。这种积极反馈可以是语言的，也可以是非语言的，用表情、手势或者肢体语言让学生感受到。尤其对年轻的欧美学习者，积极反馈是非常有效的沟通手段。当学生能感受到教师的热情和鼓励时，他们就会更积极、更热情地投入到课堂学习中来，课堂气氛也更轻松愉快。

当然，上文提到的这些技巧不过是一些常用的方法。孔子云："知之者不如好之者，好之者不如乐之者。"总之，无论采用何种提问方式，激发兴趣永远是提问的第一要素！如果课堂提问能鼓励学生积极参与，创造愉悦轻松的学习气氛，激发学生的学习热情，那么这样的提问就是成功的。反之，如果一个问题提出之后，学生长时间地沉默，或者永远只有最好的学生能回答，那教师就应该好好反省一下自己的设计。所以，如果教师要设计提问，请切记，在你的问题设计完成后，一定要先问问自己，"我是不是能回答？""我会怎么回答？"然后对自己的设计做出判断。这是提问设计最重要的技巧。

（蒋荣）

Q：61. 设计课堂提问时怎样引起全体学生思考？

A：美国Gillian Brown教授说："教师的提问如果引起了全体学生的思考，这便是成功的提问。"在课堂上，教师的提问一定要面对全体学生，不能忽略任何一个。所以课堂提问的设计应以中等学生为基点，兼顾优、差生。根据经验，无论哪个等级的学生，都存在“中间大，两头小”的现象——中等水平的学生占绝大多数。课堂提问时，中等生回答的机会多一些。因此，问题的设计要以中等水平的学生为主，使中等水平的学生经过思考后能够回答出来，即Krashen的“i+1”原则。在设计问题前，教师要先以本班的一个中等水平的学生为理想模板，想想，如果这个问题我提问他，是否适合他的水平，他是否能准确回答。如果答案是肯定的，那么这个问题的设计难度是合适的，如果答案是否定的，那意味着你的问题需要修改。为了适合优、差生的不同需要，在此基础上将某些问题作一些深化，将某些问题分层次，以便在课堂中向优、差生提出。有的老师将一个中等水平的学生难以回答的问题分为几个小问题向差生提出，然后再请中等生总结，这是一个可行的方法。

课堂提问要做到难易适度，尤其要注意的是一些难度较大的问题，一定要设计成一串由浅入深，由旧导新、从易到难的小问题，使学生通过问题解答，逐步突破难点，把握要领，掌握规律。比如“了”的用法、“把”字句等语法点在汉语中都是众所周知的难点，像这类语言点的讲解如果采用提问引导的方式，一定要按照难易程度设计成一系列问题，然后逐层提问，通过不同梯度问题的引导帮助学习者理解这些语言点各个方面的要点。在设计问题时，最好针对学习者可能出现的难点。有几个难点，就至少设计几个问题。

提问时，要力戒那些答案过于简单的问题，但问题也不可太难。只有适度的提问，恰当的坡度，才能引发学生的认知冲突。与此同时，对不同层次的学生也应视其具体情况而把握难易分寸，比如较难的问题尽量请水平较高的学生来回答，但问题的设计不能超出班级学生的整体水平。如果你设计的问题全班学生都回答不了，那课堂就陷入僵局。而如果问题太简单，水平较高的学生可能很快就失去了学习兴趣。因此，问题的设计要保证使全体学生都能从解答问题中感受到获取新知识的欢愉和乐趣。

此外，在实际教学过程中，有的教师只将目光盯在自己所确定的正确答案上，只要有学生能将这个答案说出，便对其他学生依然举着的手视而不见，继续自己的教学。而那些对问题还有自己看法的学生是否能完全接受老师所给的答案，则令人怀疑。因此，在提问时，教师要充分意识到学生在课堂教学中的主体地位，给予每一个学习者平等的学习机会。特别是在对外汉语教学的课堂上，因为你的教学对象都是来自接受不同文化熏陶和教育的成年人，可能对一些我们认为拥有共识的问题，不同的学生也会有不同的看法。因此，在课堂上，即使你已经得到了你需要的正确答案，如果学生还有不同看法，也请一定要尽量让他表达出来。

还有的教师在回答问题时，为了能得到正确的答案，总是倾向于让语言水平较高的学生回答问题，而忽视了水平较低的学生，觉得如果让他们来回答一定卡壳，岂不是浪费了宝贵的教学时间？这也走向了极端。提问对教师来说可能只是一件平常的事，但对学生来说，则可能有着非同寻常的意义。曾经有这样一个学生，听力和汉字都很差，因此，平时上听力和综合课时，她总是不敢回答问题。可是，在口语课上，她的积极性非常高，只要知道一点就常常抢着回答，当然也常常说错。她的老师为了鼓励她，课后就告诉她，以后老师提问时，如果你真的会，你就对老师点点头，再举手。而她的老师在课堂上也会及时观察，发现她的确能回答就马上提问她，并且及时表扬。慢慢地，她的信心恢复了，语言水平也得到了很大的提高。通过这一例子，我们可以清楚地看到，提问对学生来说不仅是一个知识点是否掌握的问题，更重要的是能增强他们的自尊心、自信心。尤其是对初学者或者学能较差的第二语言学习者，当她或他在一个陌生的国度开始一门新语言的学习时，可能面临巨大的压力，这时，教师可以通过各种方式去鼓励和帮助他们，而课堂提问也是一种激励他们积极参与、保护他们信心的有效手段。苏联教育家苏霍姆林斯基在《给教师的建议》一书中写道："成功的欢乐是一种巨大的情绪力量，它可以促进学生好好学习的欲望。"所以，鼓励学生是提高学生的学习兴趣、提高教学效果的重要手段。另外，教师在提问学生时要多用激励性的课堂用语，比如"很好！""很棒！""你可以试试吗？""你说得很有道理。""我们非常想听听你的想法"等，鼓励学生大胆发言，克服自卑心理。

"一分耕耘，一分收获。"只要老师付出爱心和努力，学生们就一定会取得长足的进步。

（蒋荣）

Q：62. 板书设计的原则有哪些？

A：板书作为一种直观的教学手段，与教师的课堂语言表达相辅相成。好的课堂板书，可以帮助学生清晰地把握教学重点和难点，强化理解和记忆。但是，并不是所有的课堂板书都能给学生的学习带来便利，或者赏心悦目的感受的。有些老师不注意板书的构思，随意性较大，版面杂乱无章，不仅不能实现板书的目的，反而干扰了学生的注意力。那么如何才能使课堂板书设计既实用有益，又新颖别致呢?

在对外汉语教学的课堂中，板书设计"五有"很重要。

一、板书设计要有效

课堂板书的目的在对外汉语教学的初级阶段，应该做到以下几点：

1. 通过板书，加强直观性，帮助学生理解和记忆。

2. 通过整洁美观的板书设计，给学生的汉字书写起一种良好的示范作用。

在中、高级阶段可能还需要通过板书帮助学生理解课文或者语体的结构和表现手法等。但无论处于哪个教学阶段，为了达到上述目的，在板书的内容及形式上，板书设计都应该是对教学内容的有效归纳、概括或分解和说明，对学生理解和记忆生词、语法结构或者课文起辅助作用。如果板书设计让学生看后不知所云，对理解教学内容毫无帮助，这样的板书就大可不必。

3. 突出重点，引起学生注意。在设计板书时，教师对授课的一般内容要从略，但重要的语言结构或者例句一定要清晰。重点生词或者需要特别注意的语言点还可用彩色笔标记，以便加强学生对重点知识的注意。比如对初级阶段的学习者，教师常常板书全部的生词，但生词的板书可以用不同颜色的粉笔进行区分。重点生词用彩色粉笔板书，一般性的生词用白色粉笔板书，这样，学生一目了然，主次分明。如果板书不能有效地区分层次，那学生也就不容易找到重点，难免“丢西瓜，捡芝麻”了。

二、板书设计要有度

板书设计要具有高度的概括性，板书内容不宜太多，我们建议一堂课的内容，最好黑板上可以完全容纳，不必擦去前面再板书后面。为了节约有效教学时间，很多经验丰富的教师都采用提前板书的办法，比如生词、课文的框架等内容都在课前板书完成，也是一个很有效的办法。板书要用简练的文字，符号和格式也应精简节省，要具有较强的直观性和逻辑性，便于学生记录。板书内容不宜过多过细，一般在学习语言点的结构时，教师都要板书例句，但例句一般也以2—3个具有代表性的经典例句为宜。如果密密麻麻写满一黑板，将会造成教师花费大量的时间写板书，学生浪费大量的时间抄板书。这既不利于教师对讲授内容的充分解释，也不利于学生集中注意力来听课和把握知识的重点。

作为一名新教师，在处理板书的量时，要注意避免两个极端：一种是有的老师担心板书耽误上课时间，所以上课从来不写板书；而另一种则是担心自己没有解释清楚，因此板书大量的例句，过犹不及。这两种做法都是不合适的。

三、板书设计要有序

板书设计要条理清晰，布局合理，设计时应根据内容的多少和黑板的大小适当地划分部位，使生词、语言点、例句和课文等各部分的排列既严密周到又匀称美观。在课堂教学中，我们常常把板书分主体和辅助两部分。板书的主体是讲授的重点内容，比如当天的生词、新语法点或者课文的主体框架等。主体板书的内容不要随意擦掉，要保留到下课。这样，能使学生掌握课程的主要脉络，起到画龙点睛的提示作用，增强学生的记忆能力。辅助部分，用于书写、讲解与要点有关的内容或者补充说明一些新增的生词、学生临时出现的偏误等。这部分可根据讲解需要随用随擦，不宜保留太长时间，否则影响学生的注意力。

常见的板书布局有中心板、两分板或者三分板三种。中心板的意思是主体放在黑板的中间部分，把黑板的两边各留出一部分作为辅助板。但要注意两边留出的辅助板适当均衡。这是对外汉语教学课堂中最常用的布局。两分板是指把主体放在黑板的左边或者中部偏左，把右边留出来辅助使用。三分板则是把黑板分为左、中、右三个部分。左部和中部作为主体，右部作为辅助板。但无论如何进行布局，都应层次分明，美观大方。

四、板书设计要有准

1．首先板书字迹要工整，规范，要避免写错别字，字体大小要适中，要以后排学生看清为宜。切忌龙飞凤舞、模糊不清，难以辨认。当然字体如能优美、流畅，使人赏心悦目就更好了。文字书写的技能是一个对外汉语教师的基本功，因为粉笔短小、易断，可能与平时书写不同，所以是需要教师常常练习的。有的新教师觉得自己的字迹不美，所以害怕写板书甚至拒绝写板书，这是不对的。如果你觉得自己的粉笔字不美，第一请多多练习；第二请保证书写的正确与工整。由于我们的学生很多来自非汉字文化圈国家，在学习汉语以前他们从没接触过汉字。汉字书写对他们来说与绘画没有差异，他们完全不知道从何处开始写，各部分怎么组合在一起。因此，对教师来说，汉字书写的规范和工整就尤为重要，因为教师书写每一个汉字时的笔画、笔顺对学生来说都起着示范的作用，学生通过这种潜移默化的作用，可以逐渐增长汉字意识，学会写汉字。所以，在对外汉语教学的过程中，如果你的板书字迹不美，请慢慢提高，但首先请一定要保证书写规范、准确。

2. 板书设计的准确还要注意板书的格式、符号和图表等的准确。在讲解生词、语言点和课文结构时，不少教师采用提供格式的方法，比如动宾结构用“V+O”来表示，这种方法简单明了又清晰准确，的确能起到吸引眼球、帮助记忆的作用。但在板书这些格式以前，请一定要确认这些格式都是准确的、恰当的，如果不正确的格式被学生记住，发展成为偏误，要再次纠正就更难了。此外，有的老师为了帮助学生理解某些词语或者课文的意思，有时采用画图的形式，这当然是增强课文趣味性的好法子。但如果你的绘画水平不太高，请慎用这种方法，否则可能适得其反，产生误导。举个非常有趣的例子，曾经有位老师在讲解“飞机”一词时，简单地画了一幅简笔画，让学生猜，结果所有的学生都猜成“小鸟”， 弄得非常尴尬。所以，在设计板书时，如果你要设计格式、图表或者绘画，请保证准确有效，否则不如不用。

五、板书设计要有时

虽然我们提倡提前板书，但大多数板书设计的内容，都是在课堂上随着教学进程逐步展示的。板书内容出现的次序和时间就需要教师认真考虑。如果没有涉及的内容过早写上，会使学生感到莫名其妙。而如果重点内容已经讲解完成，但又没有配合板书，也无法起到画龙点睛的效果。有经验的教师常边讲边写，把板书跟他们的讲授以及肢体语言有机结合，以达到水到渠成的效果。当然，这只是其中的一种方法，根据教学目标，先讲后写或者先写后讲都是可行的。只要你觉得板书的出现是适时的就行。

（蒋荣）

Q：63. 常用的板书设计方法有哪些？

A：走进教室，面对那个大大的、引人注目的黑板，你是否心里有丝丝不安：怎样设计好板书，才能利用好这个最重要的教学工具呢？板书，不仅是书写文字、传达语言信息的方式，更是完成教学任务、展现教学艺术的一个有效手段。“一张白纸，更易在其之上描绘最新最美的图画”，黑板之于教师，就如同白纸。精心构思设计好板书，是教师备课中的一项重要内容。

在对外汉语教学的不同阶段或者根据不同的课型、不同的语言要素，板书内容的重点各有侧重。但总的来说，可以分为生词、语言点、课文三大板块。因此，我们分别从三个部分来简单介绍板书设计的方法。

一、生词板书的设计方法

第一种方法是按生词在课文中的出现顺序来板书生词。这种方法最简单，因为大部分教材中生词的排序都是依据该生词在课文中的出现顺序，所以板书几乎只要照抄生词表就行了。而且因为生词的出现顺序与课文的逻辑发展顺序一致，因此，在讲练生词时就可以把课文的基本内容自然地介绍出来，使生词讲练与句型、课文的操练循序渐进、相辅相成，在学生复述课文时，生词板书还可以起到提示的作用。因此，这是最常用的方法之一。

第二种方法是按词性对生词进行分类板书，把名词、动词、形容词等分别按行排列。比如当课文中有25个生词，其中8个名词、9个形容词、6个动词，那么就按词性排成三列。这样，学生可以清晰了解各个词的词性，有助于他们分类记忆。

第三种方法是按生词的重要性来排列。同一课出现的生词也一定有难度和重要性的差异。有的生词，特别是简单的名词、动词等实词可能学生一看到注释就能理解，这样的词可以排成一列（在高级阶段，这些词甚至可以不用板书），但一些重要的实词和虚词可能是需要重点讲练的，这些词语可以单独排成一列，放在板书的最后部分，并用不同颜色标注出来，以引起学生重视和注意。

第四种方法是按语法讲解或词语搭配的需要把词语组合在一起。比如，教授动宾词组时，我们常常把这两个词并排板书就是依据这一原则。再比如在教授主谓谓语句时，生词中有“爸爸、身体、吗”三个词。我们可以把这三个词放在同一行，然后，很容易引导学生说出“你爸爸身体好吗？”这类范句，这样，生词讲练也就与语法讲练浑然一体，水到渠成了。而且，不用再次重新板书例句，有效节约了教学时间。

第五种方法是把生词按语义场排列。比如教授“看病”这一功能，教师常常把“咳嗽、打喷嚏、发烧”等表示病情的词语放在一列，而把“打针、吃药、开处方”等表示治疗行为的词语放在同一列，就是希望借助语义场帮助学习者在脑海中迅速建立词语的内在联系，强化理解和记忆。

当然，生词的板书方式并不止以上五种，比如在初级阶段，为了强化学生的声调意识，有的教师按声调的搭配方式把生词进行分类。把声调搭配方式相同的放在一列，比如“一声+一声”为一列，“二声+三声”为一列。我们介绍的只是最常用的几种方法，而且这几种方法也是可以灵活使用的。我们可以先把生词按词性分成列，然后再把具有搭配功能的词语放在同一行，把第二种和第三种方法混合。生词的板书没有固定的方式，但无论采用何种板书方式，最重要的是教师要认真思考，我为什么要采用这种或那种板书方式，我的教学目的是什么？在可以采用的几种方式中，哪种更适宜于我今天的教学内容？哪种更有效？只有目的明确，才能选择正确的方法。

二、语言点的板书设计方法

语言点的板书常用的方法只有两种：演绎法与归纳法。

演绎法就是先提供给学生语言点的语法格式，然后在讲解完格式后提供2—3个经典例句。下面，我们展示一个示例——现在进行时的板书内容：

1．给出基本格式：

……正在……呢

否定式：没／不(是)在……

2．板书例句：

……正在……呢

A．他们正在上课呢。

B．你看，外面正在下雨呢。

C．你去艾米宿舍的时候，她正在做什么呢？

归纳法则与之相反，是先展示经典例句，然后在学生对该语法结构有一定的感性认知后再利用例句来总结提炼语法格式。还是以现在进行时为例，采用归纳法板书则是：

1．板书例句：

A．他们正在上课呢。

B．你看，外面正在下雨呢。

C．你去艾米宿舍的时候，她正在做什么呢？

2．总结基本格式：

……正在……呢

这两种方法在讲授语法时是最常用、最经典的两种板书形式。

还要特别提醒的是，如果板书语言点的时候，常常要把该语言点的肯定形式、否定形式和疑问形式的格式和例句都板书在黑板上，让学生对该语言点有系统的了解。

三、课文的板书方法

课文的板书根据文体和内容的不同有不同的板书方法。

在初、中级阶段，由于课文多以对话体或者叙述体短文为主，课文较短小。板书常常采用填充关键语句的方法。教师板书全文框架作为学生联想的线索，但把文中最重要的词语或者句子省略，让学生填空，以帮助学生记忆。这种方法清晰明了，能有效地帮助学生记忆，但要注意的是如何选择板书的内容。省略的部分不宜过多，一般不超过课文内容的40%，而且大多应以课文中的新词语、新语言点或者关键词句为主。下面以《汉语口语速成·入门篇》第27课为例（画线部分省略）：

A：我想请你帮个忙。

B：什么事？你说吧。

A：要是方便的话，你去办公室时，帮我把这张表送到办公室。

B：行，把它交给谁？

A：把它交给赵老师。

B：要是赵老师不在，怎么办？

A：（要是）赵老师不在的话，你就把表放在她的桌子上。

B：好，我知道了。

A：你别忘了。

B：放心吧，忘不了（不会忘/不能忘）。

第27课的中心语言点是“把”字句，“放心”、“要是”等词语都是本课生词。

上面的例子适合对话体的课文，除了这种方法，还有一种课文框架板书的方法也是经常使用的，下面以《中级速成汉语课本•捷径》第10课为例：

……都城。地处……，气候……，土地……，适合……。……已有……历史。

在宋代……成为……中心。到明清时代，……闻名……，宫廷……的……丝织品……出自……之手。……来，……长盛不衰。

这种方法更适用于叙述体的课文，而且因为它清晰明了，重点词语还可以逐层减少，所以是一种非常实用的板书方法。

课文板书的第二种常用方法与第一种类似，那就是板书关键词。这种方法不板书全文的结构，只是把文中重要的一些关键词语提取出来进行板书，作为线索，帮助学生记忆。这种板书更适宜于水平稍高的中级或中级以上水平的学生。因为记忆线索减少，所以难度也相应增加。下面以《汉语口语速成•提高篇》第1课为例：

相遇　打听　正　感谢　新来的 对……熟悉

想起来　入学手续　印象　面熟　自我介绍

尽管　尽力　正巧　欢迎

板书中的关键词是从课文中逐句摘取出来的，学生根据这些词语可以较轻松地联想到课文的内容。

课文板书的第三种常用方法是结构板书法。这种方法更适于中高水平的学生。教师在讲解议论文或者说明文、应用文等文体时常把课文的条理和线索提取出来进行板书，展示文章的结构，帮助学生理解和把握这种文体的特点，从而理清思路，提高用汉语思维和写作的能力。下面以《汉语口语速成•高级篇》第7课第一段为例：

总括：

观点1　根据　　　小心广告

观点2　根据

结论：

这种方法更接近中小学语文教学的方法，因而对学生的汉语水平有更高的要求。

当然，课文板书的方法还有很多，比如图表展示法（把课文的内容用图表的方式归纳出来板书）、图画展示法（适用于故事性强的课文，用连环画的形式板书）等，因为不是最常用的，在此不再赘述。

以上总结的各种方法不过是一些最简单的方法，因为课程不同（比如听力课和阅读课在板书生词时，可能仅板书重点生词），学生水平不同，各种方法可能存在差异，但基本方法和原理是一致的。抛砖引玉，在掌握基本方法以后，大家可以根据自身的优势和具体情况，不断创新，各展其能。

（蒋荣）

Q：64. 听写的时候，叫什么样的学生到黑板上来写？

A：听写是语言教学中很重要的一种练习形式，听写生词、听写句子或课文都是很常见的活动。老师点一到两三个学生到前面往黑板上写，其余学生在座位上，各自在纸上写，写完师生一起评价、纠错也是常见的听写方式。那么老师请什么样的学生到前面往黑板上写呢？一般也许会有这样几种做法：

1. 让学生自己决定，谁想来谁来。

2. 叫两个水平最高的学生来。

3. 按学号轮流来。

4. 叫一个水平高的，一个水平差的学生来。

下面我们简单讨论一下上述各种做法的利弊得失：

让学生自己决定，看起来的优点是老师比较民主，即使有什么“差池”也不是老师的错。不足之处是，有的学生性格外向，表现欲很强，上课时往往喜欢坐在前几排离老师近的地方，喜欢跟老师互动。他们一有这样的机会就会“当仁不让”，义无反顾地跑向黑板，因坐在前排离黑板近也往往容易借助地利而“得逞”；而有的学生则性格比较内向，羞于表现，上课往往喜欢坐在后面或边角上“自我边缘化”，以期躲避老师的视线，他们一般比较沉闷，较少与老师和其他同学互动，即使有时有表现的欲望，想到前面黑板上写，也往往因反应慢一拍而作罢，望黑板而不可得。长此以往，上前面听写的特权被少数活跃的、学习比较主动的学生“垄断”。同样的问题还可能发生在课堂回答问题上，结果活跃的愈加活跃，沉闷的愈加沉闷。

叫两个水平最高的学生来，这是很多老师愿意采取的方式，特别是有人来观摩听课时，这更是令人青睐的方式。它的优点显而易见：学生写得好，师生脸上都好看；学生在黑板上的板书错误较少，修改起来不必占用过多的时间，教学进程和教学节奏比较有保证，特别是有人来观摩，对教学质量要求更高，到下课时完不成教学计划可不大好；此外学生水平高的板书，对下面的差生有示范作用——写不出来照抄一遍也好嘛！此外高水平的板书还有再利用的价值，可以直接拿来让学生做认读、组句以及句式变换等练习。不足之处是，总叫那几个好学生写，明显对其他学生不够公平，容易引起部分被冷落学生的不满。本来老师也许是好意——你写得那么差，就别来当众“丢脸”了，我给你留点面子，坐在自己位子上写吧！再说了，你写得那么差，二十个字只能写上来五六个，还有三个有毛病，我要用多少时间给你改啊！看上去，老师的理由也很充分。殊不知，老师为学生所保护的“面子”很多学生根本不在乎，他们也不觉得自己写得差就很丢脸——就是自己的水平嘛，尽力了就好，所以对老师的“苦心”往往不领情。另外，学生学习的效果往往是动态的，前天和昨天听写不好的学生不一定今天还写不好——人家昨天晚上自己预习生词到夜里两点，今天信心满满地举手想上黑板“露一手”，你还不许人家今天“懒龙翻身”了？不要把学生看死嘛。

按学号（或座位）轮流来，这也是常见的方式。好处是，比较公平，别小看这公平，这可是很多学生都非常在意的。学生交的是同样的学费，理应得到同样的学习条件和对待。老师是否公平是衡量其教师素质的重要标准之一。不足之处是，如果按学号轮到两个最差的学生来写，写不上来的和写错的都太多，修改需要比较多的时间，占用的时间会更多。同时两个人的板书利用价值都比较低。

叫一个水平高的，一个水平差的学生来。这样做充分利用了水平高的学生的示范作用，当然没问题，但特意找个差的来“陪绑”，对比太鲜明了，对差生不免太“残忍”了点吧。

综上所述，比较适宜的做法似乎是：首先是要公平——要让每一个学生都有上黑板写的机会，这样也可以了解每个学生听写的真实水平——在下面写可以“偷看”上面的板书哦。当然绝对的公平也很难做到，有的学生多来或少来几次，应该不是大问题，做到大体上的公平就可以了。其次是保证每次上黑板写的至少有一位是水平较高的学生，这样可以充分发挥他们板书的正面效应。

（张宁志）

Q：65. 怎样纠正各国学生的“洋腔洋调”？

A：教外国学生学习汉语时首先遇到的就是语音教学，这是学习汉语的基础。汉语是有声调的语言，因此，外国学生学习汉语感觉最难的，也是最不容易掌握的就是汉语的发音。各国学生说汉语时的“洋腔洋调”可谓是各种各样，千奇百怪。

比如欧美学生说汉语时常常好像没有声调，把每个字都说成是第一声；说汉语时开口度往往过大。韩国人受母语语调的负迁移影响，说汉语时声调会出现错误，如韩国语“老师”最后的语调是下降的，于是他们就会把老师发成一声和四声，而韩国语“再见”是平直的语调，于是他们会把“再见”说成两个一声。日本学生发不好前鼻韵母，总把前鼻韵母发成后鼻韵母，还会分不清送气音和不送气音，把“他”说成da；说汉语时开口度也比较小。南斯拉夫的学生受母语每个字母都发音的影响，说汉语时也会把后鼻韵母分开发出g音来。说俄语和西班牙语的学生在发汉语声母l的时候，有时会发成大舌音。法国学生的发音问题则是由于受母语的影响，在发声母p、t、k时不会送气，而发清辅音b、d、g时容易发成浊音，等等。汉语中的声母h也是一些外国学生发音的难点音，比如在韩国语中有些音有弱化和脱落的情况，像韩国语“你好”中的ㅎ音在说话时出现脱落现象，韩国学生受到母语的负迁移影响在说到汉语中有h这个声母的词语如：喜欢、银行等，也会不自觉地将h脱落，说成xiwan、yin'ang，造成了发错音的问题。在法语中h只是起分隔作用，是不发音的，因此法国学生常常发不好h这个音。

第三声是汉语声调中比较难发的音，外国学生发第三声时总是低不下去，把第三声发成了第二声。汉语声母中有些难音，如：j、q、x、z、c、s、zh、ch、sh、r在很多语言中是没有的，有的语言即使有近似的音，发音的部位也不一样。学生对这些难音常常不容易掌握，在发这些音时常常会出现错误。

语音中声、韵、调的问题远不止上面说到的这些。

要想帮助学生纠正“洋腔洋调”，必须掌握语音知识和语音教学方法，在初级阶段的语音教学中，为了使学生尽快掌握汉语的发音，需要让学生了解汉语的发音方法和发音部位，这时他们的汉语水平还很低，无法通过语言的描述和解释理解清楚有关的知识和发音要领，在这个时候，直观的教学方法就显得尤为重要和有效，教师可以利用口型、手势的示范，或是通过图表、图片的展示等直观形象的教学方法，生动有效地帮助学生了解正确发音部位和发音方法，加上教师的语音示范，学生一般都可以快速有效地掌握发音要领，学好汉语的语音知识和技能。

语音阶段帮助学生学习和纠错主要有以下一些重点：

一、声母方面

1. 六对送气与不送气音；汉英送气音的比较。

2. f 、h的发音方法。

3. d、t、n、l的舌位。

4. 舌面前、舌尖后、舌尖前音的教法与辨音。

5. 外国学生发r时常见的错误及纠正方法。

二、韵母方面

1. 单韵母、复韵母、鼻韵母的特点。

2. 外国学生学习韵母的难点及常见错误纠正的方法。

3．汉语普通话元音与一些发音近似外语元音的比较。

三、声母和韵母的拼合教学

对外汉语在进行声母和韵母拼合教学时采用的是“直呼法”，声母、介音、韵母之间不要有显著的拖长音，如果是为了让学生便于掌握，也只能是一个完整的带声调的音节的缓读。

具体的教学方法主要有：

1．应充分利用拼合表，要求学生记准、记牢音节的拼写。

2．注意避免学生母语和拼音的字母或组合相同但发音不同的干扰。

四、声调教学

声调的教学主要是注意纠正外国学生常见错误及纠正方法，主要有三种方法：

1．音节数调法。先拼出第一声，然后依次数到要读的那个声调为止。此法适于初学阶段。

2．音节定调法。声韵相拼时看着声调符号，读出的是带声调的音节。

3．韵母定调法。把韵母带上调号直接拼读。

五、轻声教学

轻声也是一个教学难点，留学生说汉语时常常说不好轻声词，或者忽略了汉语中的轻声现象，造成了发音错误。要想发好轻声，必须加强轻声的训练，使学生养成正确的发音习惯。

轻声教学的方法主要有：

1．教师在课堂上进行发音示范以及领读带有轻声的词语。

2．学生大量练习，可以采取集中练习与分散练习相结合的方法。

3．教师发现问题随时纠音，同时要强调难点和难音。

4．使用科学有效的学习方法，帮助学生形成语言习惯。

六、儿化韵教学

儿化韵是汉语中的发音难点，有时会让学生感到不易掌握，主要问题集中在发带有儿化韵的词语时卷舌动作太慢，由于卷舌动作迟缓造成儿化韵的一个音节变成了两个音节。有些学生虽然发出了卷舌的儿化韵音节，但是发音不到位，造成了发音的缺陷。对此，在进行儿化韵教学时主要的方法有：

1. 给学生讲清儿化韵的发音要领，然后帮助学生进行练习，卷舌动作要快一些，杜绝将一个音节变成了两个音节的错误现象。

2. 针对学生卷舌不到位的情况，告诉学生正确的儿化韵位置，在训练时可以矫枉过正，让学生稍微做得过一点儿，当真正发儿化韵时，由于母语习惯的影响还会出现反弹现象，这时的舌位可能会处于一个适当的位置。

另外，还要找出学生在学习拼音过程中发生错误的原因，比如：

1. 母语发音和汉语发音不同，舌位和发音习惯不同的现象。比如欧美学生发音开口度比较大，日韩学生开口度较小。这两种情况都造成了发音不准确。又如C的发音，字母相同，汉英发音却不同。

2. 母语和汉语近似的音。比如韩国语ㅎ是舌叶音，汉语h是舌面后音。r日语是闪音，汉语是舌尖后音。

3. 汉语有的音而学生的母语中没有，如汉韩对比j、q、x、zh、ch、sh、r、z、c、s。

4. 由于概念不清产生错误。 送气音和不送气音，前、后鼻韵母等。

5. a、o、e、i在不同音节中发音不同。

（冯惟钢）

第八章 海外教学篇

Q：66. 去国外教汉语你做好准备了吗？

A：参加了专门的业务培训，获得了优异的成绩，接着办理各种手续也是一切顺利，甚至连飞机票也拿到手了，这时如果有人问你：去国外教汉语你做好准备了吗？也许你会胸有成竹地回答“万事俱备，只欠东风”。

说到出国教汉语的准备包括方方面面的准备工作，这里所说的准备不仅包括物质上的准备，更重要的还有精神和心理上的准备。物质方面的准备每个人各有不同，准备起来也不难，这里自然不需赘述，但是要说精神和心理上的准备你就未必敢理直气壮地说已经准备充分了。

到海外去教汉语，除了要有深厚扎实的专业基础以外，还应该有健康乐观、积极向上的心态。许多在国外教学多年的汉语教师都有这种体会，国外的物质生活水平高低虽有差异，但是这并不是什么解决不了的大问题，顶多是开销的多少；然而精神和心理上的问题才是一个大问题，处理得好，会感到在国外的日常生活和教学工作轻松愉快，充实丰富，一切都是那么顺利，时间转瞬即逝；然而处理不好，则会感到精神苦闷、心情抑郁，觉得生活是那么单调乏味，自己是那么孤独寂寞、度日如年，甚至伤害了心理健康，出现一种病态。

在国外的日子愉快还是郁闷虽然会受多种因素的影响，但是是否做好了充分的精神和心理上的准备是一个关键因素。

由于文化背景、生活习惯、风俗传统等方面的不同，会使初到国外的人感到很不习惯，出现“水土不服”的情况。这些问题除了会影响日常生活以外，也会反映到教学活动中来，特别是当教学中遇到那些不听话、不努力，常常与老师作对，做出令人生气的行为的学生，这一切使你的教学工作不能顺利进行，似乎一切美好的设想都破灭了，这时你的心理压力会更大，轻则影响和学生的理解与沟通，搞得不好，还可能造成严重的误会和矛盾。

文化背景的差异会体现在很多方面，亚洲文化圈的学生受传统儒教的影响比较多，性格大多内向，他们在课堂上不爱参与，不爱开口，比较被动，甚至有多年教学经验的教师也会对此感到束手无策；而欧美和非洲的学生，性格开放，喜欢交际，不喜欢被约束，习惯自由，在课堂上比较活跃，愿意表达自己的想法，大多积极主动与他人交流。这些情况老师一定要有所了解，在课堂上把握住分寸，使每个学生都能有所收获。

我们觉得课后听到一声“老师辛苦了”，是学生很有礼貌的表现，可是在韩国当老师可能听不到这句话，因为韩国人普遍认为“辛苦了”这样的话是感谢为自己提供帮助和服务的服务人员的客气话，对老师这样受尊敬的长辈是不能这样说的。

到国外任教，我们应该学会“入乡随俗”，不卑不亢。比如收到礼物的时候，中外的做法就有所不同。中国人在收到礼物以后是先表示感谢，然后将礼物放在一旁，等客人走后再打开。当着客人的面马上打开礼物会使客人感到尴尬，也会被人嘲笑没见过世面；而在西方，不管送给你什么样的礼物，哪怕只是一只小小的杯子，送礼的人都希望你能马上当面打开包装，希望听到你的赞赏和表示喜欢，送礼人会因为主人喜欢自己的礼物而感到非常高兴。如果你不当面打开而放在一边，反而会使对方感到你并不在意送礼的人和他的礼物，是一种轻视和一种不得体的行为。在中国不能作为礼物送人的伞、钟等物品在别的国家却没有什么禁忌，有些国家把毛巾、袜子等小件日用品作为礼物赠送也是常见的现象。

在国外我们一定会参加一些聚会宴请，而这吃饭时的饮食文化也是各有不同，大有讲究，往远说，欧美吃西餐的规矩繁冗复杂，先喝什么汤，再吃哪道菜，规矩多多，桌子上摆着的许多刀叉也得从外到内，一把一把地用。再加上吃什么东西喝什么酒，吃的东西也要分几成熟，真让人感到不知所措。往近了说，亚洲与中国近邻的各国，那饮食文化也有许多讲究。就拿和中国一海之隔的邻居韩国来说，生活上与中国并没有感到有什么不习惯，建筑的样式，气候的变化，吃饭的餐具，食品的味道等和中国都是大同小异，除了睡觉时席地而卧和吃饭时被叫做“两班”的盘腿让人感到很不习惯以外，其他的没有什么问题。但是如果仔细观察，就会发现还是有一些不同的风俗习惯。比如韩国人用餐的时候是不能端起碗来吃饭的，这种习惯和中国大不相同，在中国只有小孩子才会有吃饭不端起碗的情况，一般人都应该端起碗来吃饭，吃饭时不端起碗反而是失礼的举动，会被人嘲笑。韩国朋友对此解释说，因为过去乞丐在要饭时是端着碗去乞讨的，于是觉得吃饭时端着碗像乞丐要饭的样子，很不雅观，久而久之吃饭时端着碗吃饭便被认为是一种不雅观、不礼貌的姿势，形成了一种特定的饮食文化。除此之外，韩国人喝酒时一般不会自己给自己倒酒，因为那是没有朋友的表现，被认为很可怜，所以喝酒时一定是由别人倒酒才行，另外年轻人在长辈面前喝酒时一定要转过头去喝，而不能与长辈面对面一饮而尽。这种长幼有序的传统习惯还体现在吃饭前要由晚辈，特别是女性晚辈给长辈摆好筷子和勺子等餐具，吃韩国的美食烤肉时，也是由晚辈负责烤肉的制作，等等，诸如此类，不一而足。

总之，出国以前一定要做好充分的精神和心理上的准备，只有这样才会使你在国外的生活轻松愉快，丰富充实。

（冯惟钢）

Q：67. 在国外教汉语怎样才能克服“水土不服”？

A：随着中国在国际上的地位不断提高，在世界上的影响越来越大，全球性的“汉语热”一直在不断升温。许多人为了各种各样的动机和目的，开始学习汉语。然而能到中国来留学学习汉语的毕竟是少数，绝大多数人要在自己的国家通过各种途径学习汉语。汉语学习者的增加使得汉语国际推广市场不断扩大，需要大量的汉语教师到世界各国去教授汉语。在出国任教的汉语教师队伍中除了各高等院校的汉语教师之外，还有许多经过专业训练，层层选拔出来的汉语教学志愿者。这些辛勤的汉语教师们在世界各地为国际汉语推广事业做出了巨大的贡献。

但是也有些不尽如人意的事情发生。由于缺乏足够的思想准备和专门的训练，一些人到了国外以后出现了严重的“水土不服”。不但汉语教不好，还会造成不好的影响。不同文化背景的强烈碰撞，教学理念的矛盾冲突，使他们难以适应。

在美国某个地区就有这样的比较典型的案例：有的从中国去的汉语教学志愿者，由于不了解美国汉语教学的实际情况，不了解美国外语教学的学习目标和教学方法，不了解美国学生的文化习俗和个性特点，不懂得因地制宜、因材施教，因此不能很好地适应当地教学环境。在教学过程中缺乏灵活性和机动性，一味坚持自己所设想的那一套，教学方法生硬死板，课堂气氛沉闷枯燥，根本不能和学生融为一体，甚至产生了激烈的抵触和矛盾。不仅汉语课堂教学没能搞好，教学任务没有完成，而且和学生及家长发生了严重的误会和矛盾。学生和家长找到学校提意见，怨声载道，最后甚至使当地政府决定该地区的学校今后不再开设中文课程，这几乎毁了由许多汉语教师多年辛勤工作才得来的教学成果。当事者也被要求返回中国。

这件事在当地造成了非常恶劣的影响，对汉语教学事业造成了重大的损失。用当地汉语教学工作负责人的话来说，这个事件所造成的影响好像是汉语教学界的一场海啸。事情过后，当地一些致力于汉语教学事业的教师经过了大量而辛苦的努力才使政府放弃了停止中文课程的决定，中文教学在那里又慢慢地恢复了起来。

这个案例充分说明了外派汉语教师了解所在国文化背景、教学理念、风俗习惯等与汉语教学相关情况的重要性、必要性和迫切性。这些工作没有做好，即使你有再高的业务水平，再大的工作热情，再好的教学条件，汉语教学工作还是不能顺利进行。

中国到国外从事汉语教学的老师“水土不服”主要表现在两个方面，一是对不同文化背景下成长起来的学生真实的具体情况不了解，二是对所在国汉语教学的具体情况不了解，这两个“不了解”是汉语教学中的最大问题，直接关系到汉语教学效果的好坏甚至成败。

要想解决对教学对象不了解的问题，教师必须学习一些有关教育学和心理学方面的专业知识，在出国教学以前专门了解赴任国家学生的特点、他们所处的文化背景，以及将会出现的情况。这方面的情况了解得越多越好，同时还要找出解决问题的对策。比如赴任国的学生如果比较自由开放，不喜欢规矩严谨的课堂教学模式，教师就可以根据他们的特点把课堂教学设计成轻松活泼的形式，尽量采用游戏法、表演法等活泼生动的教学方式，提高学生的学习兴趣，激发他们的学习欲望，把汉语课上得有声有色。

要想解决对教学情况不了解的问题，教师必须学习一些有关的教学理论和国外外语教学流派方面的内容，要特别了解赴任国外语教学的理念和方法有什么特点，与自己所掌握的知识和技能有什么不同，然后在自己所不了解的方面下功夫深入研究，以便能够尽快地找到行之有效的教学策略和教学方法，这样才能得心应手地完成好汉语教学的任务。比如亚洲文化圈的外语教学大多是以结构教学为主，语法讲得比较多，听说训练不够，这和中国的教学方法是基本一致的；而欧美国家大多采用的是功能交际法，不太注重语法教学，更多的是以功能项目为线索进行汉语教学，而不是按照语法结构的线索来安排教学，他们更加注重汉语的运用和使用功能。因此教师在教学时一定要根据所在国的教学特点有的放矢，因材施教，而不能一成不变地采用在国内学到的教学模式和教学方法去进行教学，只有这样入乡随俗，才能克服“水土不服”，真正搞好汉语教学。

（冯惟钢）

Q：68. 在国外上汉语课我应该用外语讲课吗？

A：在国外进行汉语教学的时候，应该用汉语教汉语，即用目的语教目的语，还是用学习者的母语或媒介语（比如英语）教汉语呢？对此并没有一定之规。

先来说说不同外语教学流派的主张。一般来说传统的教学法流派，比如语法翻译法等，在教授外语时依赖母语，一般是使用母语教目的语。现在很多国家，特别是亚洲国家的汉语教学仍然采用这种方法；而革新派，如直接法等，它们在外语教学中排斥母语，采用直接用目的语教授目的语的教学方法。这两种不同的方法各有利弊，用母语教目的语，学生会感到比较容易理解掌握目的语，但是在学习中会对母语产生依赖性，而且失去了大量宝贵的练习听说的机会；用目的语教目的语，有时会使学生感到理解比较困难，产生畏难情绪，但是如果方法得当，学生会得到大量的目的语听说训练的机会，进而快速提高目的语的水平。

从科学的角度来看，使用目的语教目的语是一种行之有效的好方法。大量的实践证明，语言学习最重要的原则就是交际性和实践性，使用目的语教目的语可以为学生提供最大限度的交际实践机会，因此，在课堂教学中，一定要正确处理好母语和目的语的关系。正确的做法是应尽量使用汉语组织教学，进行教学活动，但这并不是说在教学中完全排斥使用外语或媒介语，而是说只有在必要时才使用外语，关键是把握一个合适的度。

有这么一个教学实例，曾经有一位教师在初级阶段汉语课程中讲解感谢用语的内容时，告诉学生，在别人对你说谢谢以后，你可以回答“不用谢”或者“不谢，不谢”。并将“不用谢”“不谢，不谢”写在了黑板上。由于当时学生的汉语水平还听不懂“或者”这样的生词，没有真正理解老师讲解的意思，结果产生了错误的理解，他们认为老师的意思是在回答别人的感谢时，“不用谢”和“不谢，不谢”同时都要说。因此当老师接着做对话练习时对学生说“谢谢”，学生回答：“不用谢，不谢，不谢”。其实，老师在讲解“不用谢”，“不谢，不谢”时，只要在“不用谢”的后边用一个英语单词“or”就可以更加简单清楚地说明问题了，也不至于给学生的思想造成了不必要的混乱。

这个实例说明在教学过程中，特别是初级阶段，有时教师对语言点用目的语不能很好地解释或解释得不够清楚时，会使学生出现理解上的错误，并因此影响了教学效果，甚至会挫伤学生学习汉语的积极性。必要时用一点儿外语解释教学问题和教学难点，可以尽快把问题讲清楚，并能节约宝贵的课堂教学时间，但一定要做到点到为止，恰到好处，杜绝使用外语讲汉语课的现象，因为那样不但违反了教学原则，影响了教学的效果，而且也会引起学生的不满。

对外汉语教学提倡直接使用目的语进行教学活动，这是为了最大限度地给学生提供足够充分的语言实践机会。重视和强调在教学过程中使用目的语，绝不是排斥和否定学生母语或媒介语在教学中的作用，问题的关键是如何使用学生的母语或媒介语为教学服务，怎样把握好使用的度。在课堂教学过程中，在不得不用学生母语或媒介语进行指导解释才能解决问题的时候，可以有限度地使用学生的母语或媒介语。

在教学活动中要注意循序渐进，逐步减少外语的使用，课堂用语应简洁明了，不说多余的话。在课堂教学中教师的教学指令和解释用语一定要尽量避免使用学生没学过的词语或不懂的语法，学习到十课左右时就应做到基本上用汉语组织教学活动了。

由于教师不可能掌握所有国家学生的母语，因此在教学过程中如果遇到一些学生难以理解的语音、语法、词汇或文化方面的问题，教师还可以根据具体的实际情况，让已经理解了的学生用对方能够听懂的母语或媒介语帮助那些还没有完全理解的学生，这样的处理方法既可以使那些水平高的学生在帮助同学的同时巩固自己所掌握的内容，又可以使水平低的学生的问题得到解决，并节约了宝贵的课堂教学时间，提高了教学效率和教学效果。

另外，由于国外的教学理念和教学方法与中国有所不同，学生的学习习惯也有很大差异。比如中国使用的汉语教材具有较强的系统性，在新的一课中除了生词表中的生词是没有学习过的以外，其他词语一定是在前面的课程中已经学习过的。而国外很多汉语教学和汉语课程不是这种情况，他们所采用的方法是发散式的，有较强的灵活性和随意性，新的生词没有一个固定的限制，是随着教学内容而出现的。比如，在讲到服装穿着的内容时，不是像中国汉语教材那样只教一个对话课文和一定数量的生词，教师会准备许多学生们经常接触的衣服，像衬衣、裙子、T恤衫、牛仔裤等，在学习这些衣服名称的同时，还会引出大小、长短、肥瘦等形态的概念以及红、黄、蓝、绿、白、黑等颜色的概念，这样就势必要较多地用学生能够听懂的语言进行词语的解释，帮助他们理解记忆，否则学生们会因为生词较多而不能理解老师所讲的内容，以致失去了学习汉语的兴趣，甚至会产生抵触情绪，影响了教学效果，甚至造成教学失败。这种情况在低龄学生身上表现得更加突出。

因此，老师必须根据实际情况把握汉语教学中使用外语的度，既要尽量使用目的语进行教学，给学生提供充分的汉语听说的机会，又要注重实际的教学效果，恰当适度地用外语帮助学生理解和记忆。

（冯惟钢）

Q：69. 外国学生喜欢什么样的老师？

A：就要出国教汉语了，也许你心里会想，那里的学生会喜欢我吗？外国学生喜欢什么样的老师呢？

要回答这个问题还真不容易，因为每个学生的想法都不一样，喜欢老师的标准当然也不一样。再说每个国家的文化背景各不相同，教学理念也有差异，在不同环境中成长起来的学生评判老师的标准可能会有很大差别，因此可能会产生这种现象：有的老师，一些学生说他很好，而另一些学生却会做出截然相反的评价。

一般来说，亚洲文化圈的学生喜欢比较有威严的老师，说一不二，有很强的权威性。对他们来说，老师好像是不苟言笑，具有崇高地位的父亲，深受儒教影响的韩国学生如果听到老师说，“我既是你们的老师，也是你们的朋友”，他们会睁大眼睛，惶恐地说：“老师就是老师，我们怎么能把您当作朋友呢？”而欧美和非洲的学生想法却有所不同，他们喜欢比较随和、活泼好动、语言诙谐幽默、讲课生动有趣的老师，老师最好能跟他们摸爬滚打，玩儿到一起。对他们来说，老师应该是最可信任、无话不谈的朋友。天气好的时候，他们会要求老师到外面的草坪上去上课。他们喜欢的是把桌子围成一个圈，然后坐在桌子上，而不是整整齐齐地坐在桌子后面上课。

在学校的课堂教学中，教师是决定教学效果的重要因素，教师本身素质的高低直接关系到教学效果的优劣，甚至关系到教学活动的成败。好的教师应该有智慧，有责任心，有耐心，有爱心，有恒心，并在学术上有雄心，勇于探索研究，应该喜欢与学生一起进行教学活动，与志趣相投的同事一起努力工作。在教学过程中，应该具备高超的教学技能，只有充分发挥教师组织教学的才能，才能最大限度地调动学生的学习积极性。

美国一项研究表明，最有效率的老师应具有以下特点：

一、具有分析和综合能力。

二、具有明晰的条理性。

三、具有与班集体相互作用的能力。

四、具有与学生个人相互作用的能力。

五、充满活力与热情。

这就是说，教师应该做到能够慷慨地奉献知识和时间；充满活力和热情地对待教学、对待学生；生动有效地课程讲授；具有良好的说和听的能力；教学中能用切题的实例和例证把学习与生活联系起来；还应该诚实与正直。

除此之外，多才多艺的老师在海外也更受欢迎。老师的才艺包括：书法、水墨画、太极拳、剪纸手工、唱歌跳舞、吹拉弹奏，等等。老师可以利用各种才艺开展教学活动，在娱乐过程中弘扬中国文化，外国学生们也最喜欢这样的汉语教师。

（冯惟钢）

Q：70. 我应该怎样去了解我的学生？

A：我们到海外去教汉语，最重要的事情是要了解自己的教学对象，也就是你所要教的学生，因为只有真正了解了你的学生才能使你的汉语课上得有声有色，才能收到良好的教学效果。

我们所要面对的是学习汉语的外国学生，每个国家的学生都有各自不同的特点，学习目的和要求也不一样，教师只有全面掌握学生各方面的情况，才能做到心中有数，因材施教；才能使教学更有针对性，有的放矢，对症下药。

首先要从以下五个方面了解学生：

一、了解教学对象属于哪个国家或地区、性别、年龄、宗教信仰、文化背景等。比如在文化背景方面，需要注意各国学生的文化差异。一般来说，亚洲学生大多受到儒教传统思想的影响，行为拘谨，保守害羞；而欧美、非洲学生则行为开放，常喜怒形于色。又如在表示肯定和否定时，大多数国家是点头为肯定，摇头是否定。但是有些国家却相反。像阿尔巴尼亚、保加利亚、斯里兰卡、尼泊尔等国就是摇头表示肯定，点头表示否定。此外各个民族在风俗、宗教等方面也有很多需要了解注意的特点。

二、了解教学对象学习目的语的时间，以及学习的目的和要求。就拿学习目的来说，学习目的不同的学生在学习表现上会有很大差异，有的学生学习目的明确，因此在学习中自觉主动，努力刻苦，属于“我要学”的学生；而有些被父母逼迫学习汉语的学生则没有什么目标和要求，散漫贪玩儿，不努力学习，自觉性很差，属于“要我学”的学生。对于这两类学生，教师要采取不同的教学方法和手段加以应对才能处理好教学中出现的各种问题，使学生各得其所。

三、了解教学对象的母语或媒介语是什么，以及掌握几种外语。了解这方面的情况对于教师合理有效地组织教学，在教学过程中利用学生的母语或媒介语进行对比，提高教学效果和效率有着非常重要的作用。比如，在日语和韩语中，宾语和谓语的顺序是宾语在前，动词谓语在后，了解了这一情况就可以有针对性地对日、韩学生容易出现的语法错误进行重点教学，帮助他们克服母语的负迁移影响。另外像阿拉伯语、韩语中一些判断句没有动词；英语和汉语不同，表示时间、处所的状语常在句尾等，这些情况都会给学生在学习汉语时带来负迁移影响，需要教师加以注意。

四、了解教学对象已有文化水平和所学专业。这方面的内容对教师了解学生的学习能力、学习习惯、学习态度以及是否具有汉语基础等有很大帮助。一般来说，具有一定学历的学习者在学习能力、学习习惯、学习态度等方面都会有比较好的表现，反之则会差一些。

五、了解教学对象的学习方法、记忆理解等学习能力、生活习惯、性格爱好及传统习俗等。这些问题大多属于学生各自的心理特点，每个个体都有所不同，但都会对学习产生很大的影响。在教学过程中，教师们常会感觉到日、韩等亚洲国家的学生的特点是开口率低，不爱提问，害羞且不愿主动与他人交流，在学习方面表现为读写较好，但听说较差，如果调整得好，进步会很快；而欧美、非洲等地的学生大多爱说话，爱提问，谈吐直率、情感外露、好交际，但说汉语时常是怪腔怪调，问题较多，此外读写水平较低。根据各国学生具体的心理特点和不同问题，教师应注意学会巧妙地加以利用，发挥他们各自的优点和长处，帮助他们克服缺点和困难，不断提高教学效果和水平。

要了解学生以上五个方面的情况，方法多种多样，主要有以下五种途径：

一、通过查阅学生报名时所填写的入学登记表格和学籍档案等材料。这是最简捷、最方便的方法，但是档案信息大都是简单的基本信息，内容有限，不够充分。

二、通过对学生进行的预习、复习及辅导等方式进行了解。这种方式主要是通过日常教学活动了解学生的学习能力、学习态度，这种了解是最直接、最可靠的。

三、通过课堂教学的双边活动进行了解。有些在平时一般的交谈中不方便询问的内容，比如学生的年龄、家庭情况、爱好习俗、宗教信仰等，可以通过教学活动中的有关学习内容，用师生问答或学生之间问答的练习方式加以了解，比如在学习《你的生日是几月几号》这一课时就可以了解到学生的年龄的信息，在学习《你家有几口人》这一课时便能了解到学生的家庭情况，这种教学过程中的双边活动可以帮助教师自然得体地了解到需要的信息，言语技能训练和了解学生情况同时进行，可谓一举两得。

四、通过课内外的各种作业和测验、考试等对学生实际语言水平、理解接受能力、学习动机和态度做出了解和判断，这也是最可靠的第一手资料。

五、通过各种课外活动，各种形式的接触进行交流，以此了解学生各方面的综合情况和信息。在课外活动中学生的心情放松，容易和教师沟通，使教师了解到更深层次的真实情况，有助于教师制定恰当合理的计划和决策。这种方法应该是在学生有了一定的表达能力后才能进行。

（冯惟钢）

Q：71. 你知道5C外语学习目标吗？

A：20世纪90年代美国教育改革兴起之际，美国政府规定每一个学科都要制定一套全国性的教学大纲，外语也不例外。当时就由全美外语教学协会(ACTFL)，费时三年制作了全美外语学习目标。之后，这个协会就邀请了美国九大语种协会根据这套标准分别制作九种语言的学习目标。由全美中小学中文教师协会（CLASS）接手，在1996年完成了全美中小学汉语学习目标。ACTFL将这九种语言的学习目标合订成厚厚的一本。今天所有的外语，不论是西方语言还是东方语言，都以此为学习目标进行教学。这套学习目标可以适用于K—12(幼儿至十二年级的)学生，是在美国教中文的教师必备、必读的。今天美国中文教学的一切活动都必须以它为基础。

学习目标共分为五项，每一项都以英文字母的C开头，所以，它又被广称为5C目标(Goals)。每一个C下又有两个到三个学习标准(Standards)，总共有11个学习标准，非常容易记，容易了解。这套学习目标不同于传统的教学方法，不是要求学生死记硬背生字课文，学习语法后做填充题，句型替换等机械性的练习，而是采用了一套与传统教学方法完全不同的新模式，并要求全美的中文教学要以全美外语教学目标的“5C”为教学目标制定课程与教案。因此，要想在美国的教学机构中教汉语，必须深入理解和运用这一套外语教学目标，否则将造成自己的汉语教学与当地的目标要求相脱节，很难完成教学任务，更谈不上提高教学效果和教学质量了。

全美外语教学的5C学习目标主要内容如下：

一、沟通Communication: 希望学生能运用中文表达意思并与他人进行沟通。

二、文化Cultures：希望学生能够体会认识中国的多元性文化。

三、贯连Connections：希望学生通过学习中文增加其他学科的知识。

四、比较Comparisons：希望学生通过中文学习增加对自己母语与文化的认识。

五、社区Communities：希望学生能将所学到的中文用于课堂以外的实际语境中去，做到学以致用。

在五项教学目标之下，又分别详细列出了两到三项学习标准，进一步阐明学生应该知道什么和应该会做些什么。

一、在沟通(Communication)的目标之下有三项标准，即三种沟通模式。

1. 双向的语言沟通(Interpersonal Communication)。它是在人与人之间运用听力与口语展开的“有问有答”的语言双向沟通。当与特定的对象交谈时，彼此为了使交谈的内容更为清晰，经常以一来一往互相交换信息的方式沟通。这一模式的双向沟通除了用口语进行之外，也可以运用阅读与书写的方式一来一往地互相表达意思，进行交流沟通。

2. 单向的理解诠释(Interpretive Communication)。它是以听力或阅读为主的沟通模式。在此模式中，没有与他人进行澄清语意的机会， 是一种单方面以了解说话人或是写作人的意思为目的的理解能力。

3. 单向的表达演示(Presentational Communication)，它是以口语与书写为主的沟通模式。在此模式中，也没有与他人进行澄清语意的机会，是一种以说和写的技能来表达个人意见、想法与感情的单向沟通模式。

二、在文化（Cultures）的目标下有两项学习标准。

1. 学习中国人的世界观与文化习俗(Practice of Culture)之间的关系。

2. 学习中国人的世界观与文化产物(Product of Culture)之间的关系。

外语教学的文化课程中，均以目的语国家的文化价值观为起点，教授和指导学生进行学习和比较，引导他们尊重与接受由非母语文化价值观所衍生而来的文化习俗及文化产物。例如：中国春节除夕的年夜饭，这项传统的文化习俗是由于中国人的家庭团圆观念所产生的，并由此又产生了多项与中国新年有关的文化产物，例如春节贴春联、放鞭炮、给红包等。然而所谓的文化价值观不可能是永远一成不变的，因此也需要让学生了解在全球不同地区的中国人有可能因为时空的差异而产生的不同的价值观和不同的习俗与产物。例如，在港澳或东南亚地区的华人，可能就会有属于当地方式的习俗来庆祝春节。

三、在贯连（Connections）的学习目标之下，有两个标准。

1. 学生能触类旁通(Making Connection)，在学习中文的同时附带加强对其他学科内容的了解。

2. 能够利用中文直接阅读原文材料，以达到博文广见(Acquiring Information)的境界。

四、在比较（Comparisons）的学习目标之下，有两个标准。

1. 能够通过学习中文，进行语言比较(Language Comparison)，对自己的母语有更深入的理解。

2. 能够通过学习中国文化，进行文化比较(Culture Comparison)，对自己的文化有更深入的理解。

五、在社区（Communities）的学习目标之下，有两个标准。

1. 通过学习中文，达到学以致用，进行学校交际(School Community)的目标。

2. 通过学习中文让学生体验到学无止境，进行终身学习(Lifelong Learning)。

总之，美国今日的外语教学方式，是由以上介绍的三种沟通模式(语言沟通、理解诠释、表达演示)构成的，融合了四种言语技能(听、说、读、写)，在五大学习目标(沟通、文化、贯连、比较、社区)统领之下，灵活运用，这种3+4+5的外语教学总体理念可用下列图表展示。

以上介绍的就是美国5C外语教学目标，你都清楚了吗？

（冯惟钢）

Q：72. 怎样在主题法教学中构筑功能项目？

A：目前在国外的汉语教学中，主题教学法是一种普遍被采用的行之有效的汉语教学方法。主题教学法简单地说就是在一个特定的主题之下，通过相关的功能项目进行汉语教学，并将5个C的教学目标贯穿在教学过程之中。

主题教学法与功能法（也称为交际法）是一脉相承的。功能法教学原则认为：学习语言的目的不是单纯的掌握语言知识，只要能够用语言表达意思就可以，不必过多地追究语言形式上的一些错误。学习语言是从功能到形式，从意念到表达。

下面用表格简要地说明怎样在主题法教学中构筑功能项目：

主题（意念项目）	语言功能：介绍自己与他人	语境
自己 家庭 朋友 姓名	交际：您贵姓? 文化：贵—汉语的尊敬礼貌用语，不能直呼其名 比较：英语直接问姓名 关联：贵校，贵方 社区：询问中国人姓氏	初次见面

主题（意念项目）	语言功能：打招呼	语境
问候 寒暄 称呼	交际：您好! 文化：您—尊敬，对长辈或陌生人 比较：英语中只有“you” 关联：你和您的用法 社区：和社区中的中国人打招呼	与长辈、朋友、同事、同学见面

主题（意念项目）	语言功能：道别	语境
告别 时间 日期	交际：我今年7月24号星期五回国。 文化：阳历和阴历 比较：英文中日期表达法是日、月、年 关联：日和号、星期和礼拜 社区：向社区中的中国人询问日期	离开朋友家，在机场、车站送别

（依次类推）

在某一个主题进行的教学活动中，应该根据具体的实际情况灵活掌握教学内容和方法，5个C中的学习目标不一定都要用上，可以有所取舍。知识性的语法内容可以根据功能项目，作为一条暗线贯穿在句型教学之中。在讲授语法知识时，不一定使用语法术语，可以只是讲规律，强调应该注意的地方。比如在讲问候寒暄主题时，一定会提到诸如“我很好”等形容词谓语句，在练习这种句式时就可以告诉学生汉语的形容词可以直接充当谓语，而不像英语那样必须在形容词前面加上系动词“to be”；汉语的形容词谓语句中的形容词前面常常要用程度副词“很”，但是在这里使用的“很”一般是语言节奏的需要，表示程度的意味已经很淡了。

在这样的主题法教学过程中，既让学生学习训练了功能项目中的句式句型，保证了语言的交际性和实用性；同时也照顾到了语用和语法的学习，保证了语言的得体性和正确性。

下面我们通过一个关于《五禽戏》的教学实例来进一步了解主

题法教学的具体教学步骤。

一、首先从介绍传统文化的角度介绍《五禽戏》。

五禽戏是中国一种传统的健身法，由东汉名医华佗所创。五禽戏模仿五种动物的习性，刚柔相济，阴阳互补，体现了中华文化天人合一的哲理境界。五禽戏源于中国，属于世界，动作优美，简单易学，健身效果明显，深受国内外大众的喜爱。

二、然后介绍《五禽戏》的具体内容。

健身气功 五禽戏

虎戏、鹿戏、熊戏、猿戏和鸟戏

三、一边教授五禽戏一边教授汉语词汇和句型。

1. 身体各部分：头、身体、手、胳膊、腿、脚

2. 各种动作： 站好、挺胸、抬头、握拳、迈一步、退一步

3. 方位词：上、下、左、右、前、后

4. 五禽戏中的五种动物：虎、鹿、熊、猿、鸟

5. 五种动物身体的部分：虎爪、鹿角、熊掌、猿勾、鸟翅

6. 介词+方位词：往上/下看、往左/右转、向前/往后

7. 描述性的词语：快、慢、柔和、有力

虎举：虎爪，握拳，向上看，向下看
　　　虎爪，握拳，向上看，向下看

虎扑：慢慢地，快抓，没抓到
　　　慢慢地，快抓，抓到了

鹿抵：左脚向前迈一步，身体向左转
　　　右脚向前迈一步，身体向右转

鹿奔：左脚向前迈一步，身体往后坐
　　　右脚向前迈一步，身体往后坐

四、简单的问答练习

这是什么？这是鹿角。

这是什么动物？这是老虎。

你喜欢什么动物？我喜欢猴子。

你喜欢不喜欢熊？我喜欢熊。你呢？

我不喜欢熊，我喜欢熊猫。

你会不会五禽戏？对不起，我不会。

你要不要学五禽戏？我很想学，你要学吗？

通过以上的介绍，你对主题法教学了解了吗？你也可以试试，你的学生一定会喜欢这种教学方法的。

（冯惟钢）

Q：73. 你知道美国的AP中文课程吗？

A：AP是Advanced Placement的缩写，可译为“先修课程”，是美国在高中阶段开设的、供高中生选修的、达到大学学术标准与学业水平的课程。如果在AP课程结束后参加全美统一命题的相应AP考试(AP Exams)，并考核合格(即获得3—5分)，则可在进入大学校园之前就获得大学认可的学分，或获准直接进入高级课程的学习。AP课程的主要科目涉及20个学科领域38个科目，语言文化类中，在AP中文课程之前开设的有英语、西班牙语、法语、德语、意大利语、拉丁语方面的课程。

AP中文的全称是汉语大学先修课程及考试（Advanced Placement Chinese Language and Culture Course and Examination），又称AP中文课程与考试。与其他语言一样，它是在全美外语教学5C学习目标指导下运作的一个大规模、正规与大学中文课程衔接的中学汉语课程与考试。在这里我们主要简单介绍一下

AP中文课程方面的内容。

1994年，一些有志在海外推广中文教育的老师们，应美国大学理事会增设AP中文课程的要求，在美国休斯敦成立了“美南AP中文教育推展小组”，主要围绕AP中文课程的开设、教师培训、教材开发等开展工作。

到了2003年，美国大学理事会宣布增设的AP中文课程是美国高中所授最高程度的中文课程，其难易度相当于大学中文课程第二年的水平，并将课程设计为两年，成功通过AP测试的高中生，在大学阶段最多可以免去两年的中文课程，即有资格直接学习大学第三年的中文课程，其成绩为全美绝大多数大学接受。

AP中文课程的内容包括语言技能和文化两方面，其中语言是普通话，字体是简体、繁体并用。

语言技能方面的培养根据5C标准围绕人际沟通能力、信息接受能力和表达能力三个模式进行。人际沟通能力考核学生交换意见和交流沟通，信息接受能力考核阅读理解和听力，表达能力考核学生的口语和写作。学生主要通过这三个模式不断磨炼自己在听、说、读、写四个方面的语言技能。具体说，就是利用日常对话、交流信息以及听（看）广播、电视等，锻炼听的能力；采用日常对话和通过演讲、报告等方式锻炼说的能力；通过阅读日常信息交流材料（如电子邮件、信件）和报刊、不同体裁的文章等，锻炼读的能力；通过写作（包括利用各种书写工具）、日常信息交流以及学生本人对有关事物认识、体会的书面材料，锻炼书写能力。

课程中文化方面的内容更是包罗万象，有古代传承至今的儒家思想、文化艺术、中国人几千年来各种发明对世界文明的影响，还有当今华人在不同领域所做的贡献以及目前我们所面对的各种全球性挑战等内容，既包括中国古代文化又包括当今中国社会的各个方面。

AP中文的课程目标是希望学生能够广泛地吸收中华文化知识，

学习语言技能，并将其运用到日常实际生活的各个方面中去。

在这种教学理念的指导之下，AP中文教学要求尽量避免使用低层次的思考方式，例如，避免使用枯燥死板的填充题，死记硬背的学习方法等，而是挑战学生使用高度的思考能力，例如提高学生对问题分析、组合、鉴定及举一反三、触类旁通的能力，然后配合听、说、读、写的技能，用各种语言沟通的模式把整个事件发生的前后顺序等讲清楚，并能了解作者的言外之意，还能预测文章的结果，更能应用语言去解决实际生活中遇到的问题。

2003年底，美国大学理事会宣布增设AP中文课程与AP中文考试项目之后，立即在中文教学界产生极大的影响。这项在全美高中增设中文AP课程的决定，可以说是近年来在美国外语教学界最新、最重要的决策了。这让数十年来在海外默默地教授中华语言文化的教师和他们的弟子有一种扬眉吐气的感觉。

增设AP中文课程直接或间接地给教育界、学校、中文教师以及无数学生带来了多项好处。由于AP中文课程难度最高，全美有九成大学认可AP考试，让取得AP最高等级——5级的学生免修大学第一、二年的课程，这样一来，学生不但可以自动获得两年学分，免缴该科学费，还可以将原本打算学习中文课程的时间选修其他学科的课程甚至提前毕业。除了以上好处之外，所有选修过AP课程的学生申请大学都比其他没有选修过AP课程的学生占有绝对优势。这是因为AP课程早在五十年前就已经在全美教育界奠定了最优课程“品牌”。

由于AP中文课程的设定，中文教师在教学方面需要不断地重新评估自己的教学方式与课程内容，更需要全面配合其他各层面的教学做出纵向与横向的衔接工作。今后的K—12中文教学也将依据大学理事会所公布的AP中文的课程内容作为最高目标，往下扎根——从幼儿班至中学再到高中，完整地建立一个无断层、纵向衔接的中文教学体系。在横向的衔接方面，则是依据AP课程方向加强公立、私立、中文学校彼此之间的合作，大量培训今后可以在主流学校教书的师资，以缓解目前教师供不应求的现象。

AP中文教案设计包括下列准则：

一、教学目标

设计AP中文教案时，教师需先确定教学目标。无论是教一堂课，一个单元或是一个学期的课程，老师只有确定了教学目标以后，才能明确地知道，学生上完课之后，能学到什么，达到什么样的学习目标，获得什么样的学习成果。在每个教案当中必须包含至少一个以上的沟通模式。

二、教学程序

1. 热身活动(Activity to activate previous knowledge)

活动的设计应该以学生已有的学习经验为主。

2. 生字与生词的教学(Activity to teach new vocabulary)

活动的设计应该与学生的学习经验衔接。

3. 扩展并增加词汇量(Activity to expand vocabulary)

活动的设计应该以熟悉的生字组合成新生词为主。

4. 新句型的介绍(Activity to teach new structure)

活动的设计应该以学生能自己做句型的练习为主。

5. 语言的运用(Activity to practice language)

活动的设计应该以能让学生在不同的语境练习表达语言为主。

6. 文化单元教学(Activity to include culture)

活动的设计应该令语言联系文化。

7. 形成性评估(Activity to assess students informally)

活动的设计应该以小测验或观察的方式为主。

8. 总体性的评估(Activity for summative assessment)

活动的设计应该能让学生充分表现所学到的内容。

（冯惟钢）

第九章 少儿教学篇

Q：74. 教儿童的汉语教师应该具备哪些素质？

A：目前汉语学习在很多国家都不断升温，一个明显的现象是学习汉语的人数不仅在大学、高中里不断增加，而且有不少中学甚至小学都开设了汉语课，小孩子们也开始学习汉语了，这真是个可喜的事儿！如果你对儿童语言教育十分感兴趣，也有这样的机会，打算成为一名教儿童汉语的汉语老师，那我要告诉你，教孩子汉语可不简单，不单是喜欢孩子就行了。那么这样的老师需要哪些必备的素质呢？

一、首先要喜欢孩子，热爱儿童汉语教学事业，有良好的心理品质和深受儿童喜欢的性格——比较外向、热情活泼、幽默风趣，同时又冷静沉着。老师不仅要教学，更要教育，他们肩负着培养儿童良好素质的重任。老师的言行和仪表都要为儿童起到很好的表率和示范作用。在传授儿童知识的同时，还要注意感染儿童的情绪，老师对儿童的感情、期望会对儿童产生极大的影响。儿童汉语教师应该着装整洁大方，精神饱满，态度和蔼，表情轻松，善于用手势、动作、眼光等身体语言来传情达意，能有效地控制自己的情绪，不要把自己的坏情绪和心理包袱带到课堂中来。

二、必须有比较丰富的专业知识和比较强的组织教学的能力。老师应该比较熟悉儿童心理学、儿童教育学、儿童语言教学法等有关方面的理论知识。懂得怎样尊重、教育孩子，怎样跟孩子、家长打交道，迅速得到儿童的喜爱和尊敬，能把课堂教学组织得井然有序、生动活泼。只有课堂气氛活跃，儿童心情愉快，才能取得良好的教学效果。

三、掌握灵活多样的语言教学技能。老师要善于学习，勤于钻研，不断提高自己的教学技能和艺术。儿童活泼好动，注意力容易分散，学习耐力难于持久，因此更需要老师能时时根据儿童的生理和心理特征，组织儿童通过各种游戏活动，不断地激发他们对汉语的兴趣，才能学得更有效。老师不仅仅能引导儿童通过唱儿歌、说歌谣、做表演等形式学习汉语，还要能有效地利用各种现代化的教育技术——录音机、幻灯机、录像机、电视、电脑等，把这些教学设备适时、适度地运用于课堂。使教学内容更直观、生动，更容易被孩子们接受。为了取得良好的教学效果，老师要掌握以下一些教学技能：

1．设计技能。包括：教学目标的设计；教学内容的设计；教学方法的设计；教学媒体和教具的设计；教学组织形式的设计。

2．授课技能。包括：课堂用语、教学媒体的使用；课堂调控的技巧；汉语要素（语音、词汇、语法）教学和汉字教学的技能；听说读写等语言技能训练的技能。

3．评价技能。包括：对儿童的语言表现做出准确评价的技能；自我反思、调控的技能。

4．组织技能。包括：组织儿童活动的技能；与儿童有效沟通的技能。

四、善于为儿童创造轻松愉快的学习环境的能力。老师要尽力为学习汉语的儿童创造一个颜色鲜艳、宽敞明亮、轻松活泼、安全舒适并充满中国味道的汉语学习环境，让儿童真正感觉到学习汉语的乐趣。老师既要多才多艺，又要有比较强的动手能力。不仅能营造一个让儿童乐于学习的“硬”环境，更要善于营造一个让儿童安于学习的“软”环境——老师平易近人、态度和蔼、表情亲切，充满鼓励赞许、平等信任。

总之，一个成功的儿童汉语教师应该是有敬业精神的，有良好师德的，有童心、热爱儿童的，有广博的知识的，具有现代教育理念的，懂得儿童心理学和儿童语言教学法的，掌握了先进的语言教学技能和汉语教学基本功的，富于创造精神、勤于充电、不断提升自己的人。

（张宁志）

Q：75. 针对儿童进行的汉语教学具有哪些特点？

A：目前汉语学习者低龄化是世界汉语教学的一个很明显的趋势。很多国家的教育界都深知汉语教学也要“从娃娃抓起”。那么，跟教成人汉语相比较，教儿童汉语有哪些特点呢？

首先要根据儿童的年龄特点和交际特点，围绕儿童喜闻乐言的话题展开教学活动。儿童汉语的话题，一般涉及儿童的日常生活、家庭、幼儿园或小学以及社区活动。具体内容包括：数字、颜色、时间、天气、食品（含水果、饮料等）、服装、身体、玩具、动物、个人情况、家庭成员、朋友、文体活动、节日、交通工具等。

话题的选择要尽量符合学生的日常需要和个人经历，这样才比较容易引起学生的兴趣，人们学习语言一般有两个动机——有用和有趣。成人以有用为主，儿童则以有趣为主。所以教学的话题与内容，一定要力求让孩子们感兴趣、好理解、易吸收。教师要根据季节、天气、节日等具体情况，适时地调整教学内容和方法。

我们在制定教学原则和方法时，要充分了解儿童年龄和语言学习的特点，了解儿童的认知水平、兴趣爱好和实际需要。教学内容选择应该注重实用、强调有趣、突出交际、力求科学。不仅仅要引导学生掌握必要的汉语语音、词汇和语法知识，更要注意提高学生运用汉语听说的能力，培养学生对汉语的语感。

为了达到以上的教学目的，要遵循以下几个原则：

一、要特别注意激发和保持学生对汉语的兴趣。兴趣是能力形成的前提条件。老师要特别注意激发和保持学生对汉语的兴趣，尽量选取与儿童心理特征相符合的教材和教法。与成人汉语教学相比，儿童汉语教学更需要和谐、友好的师生关系。要多表扬，多鼓励，别忘了“好孩子都是夸出来的”，而不当的批评会挫伤学生的学习积极性，给学生造成不必要的心理负担。要尽量让学生尽快得到汉语学习的成效，享受到成功的喜悦，这能有效地激发起学生的兴趣和信心。

二、尽可能地在游戏中学习。教师应该制定以游戏活动为主的教学模式。用一切手段设计和组织各种生动活泼轻松的汉语教学活动，让学生在游戏中学，在兴趣盎然的活动中学，在充满浓厚中国文化气息的汉语环境中学。老师可以采用以下的教学模式展开教学活动——刚开始上课时要先调动孩子们的兴趣和积极性，创造一个良好的开端；有意识地复习上次课的内容以及与今天所学新课有关联的内容，以便以旧带新；在情境中呈现并学习新生词、句型和课文；最后通过学唱汉语歌谣、歌曲，学讲故事，载歌载舞、边唱边跳，在游戏活动中练习、巩固所学的内容。

三、教学方法尽可能接近真实自然的交际。儿童相对成人来说，学习语言有不少优势，特别是在语音方面。再加上儿童大胆好奇，善于模仿和记忆，没有什么心理负担，往往能在听说外语的过程中，充分享受其中的乐趣。因此对儿童的汉语教学要听说为主，读写为辅；在教学的顺序上要听说领先，读写跟上。教学的初期要以听为主，以听带说，以听促说。切忌生搬成人教学的方法，让学生背生词、记语法、造句子、读课文，只为应付那些旨在考察是否记住汉语知识的考试。而应该更注重环境的熏陶，让学生在无意识的状态下、通过实际的语言交际掌握汉语。

四、适当地容忍错误。儿童学习语言更需要安全感。为了使儿童积极主动地，富于安全感地参与汉语学习活动，老师不应该苛求学生的表达，不必见错就纠。事实上，学生在学习语言的过程中，出现错误是不可避免的，这就好比一个人在一生中会生病是正常的，从不生病反倒是怪事。在学生表达时老师要注意倾听，多加鼓励，经常性的纠错会干扰他们的思路，压制学生表达的积极性。适当的纠错是必要的，但要特别讲究纠错的方法和态度。要把保护学生学习汉语的热情和兴趣时时放在心上。老师的纠错态度要委婉，要用间接的方法纠错。老师给女孩子纠错时要更加注意自己的态度，因为女生相比男生是更需要表扬的，女孩子的自尊心更容易受到伤害，脸皮更薄嘛！

（张宁志）

Q：76. 应该怎样和外国孩子沟通？

A：中小学阶段的语言教学和成人最大的不同就在于增加了德育这一重要内容。中小学生大部分还处于成长期，心智就像一张留有很多空白的纸，需要教师来帮他们填写、完善。所以针对中小学生的国际汉语教学，大部分新老师所遇到的问题都集中在“德育”这个范畴里。在成为一名真正的对外汉语教师走上讲台之前，我们的专业学习一般都把重点放在教学方法和教学理论的研究上。面对中小学生，新老师们往往雄心勃勃的备好了语法、生词、操练等的教案，确信自己不会被学生的语法问题所难倒，然而却在第一堂课上就让学生稀奇古怪的问题打了当头一棒。一位初中老师曾抱怨说："我们班的学生看起来很单纯可爱，可一接触才知道，他们的价值取向跟我们完全不同，我跟孩子们几乎无法沟通！学生竟然跟我说：'老师，我们付了学费，你拿工资，我们是消费者，你是服务者，所以你要听我们的。'"

下面我们就来谈谈老师们该如何应对这样的问题。

当时上述那位老师是这样回答学生的："我不想在上课时跟你讨论这个问题。"学生继而问："为什么？我说的不对吗？"老师答道："不是你说的不对，我现在不想讨论这个问题！"学生继续问："为什么不能讨论？"老师有些恼怒，师生间无休止的对话就这么开始了，整个课堂乱哄哄一直到下课。

这位老师的做法不能说不对，但是在这个情境下，显然不太奏效。

首先，面对"刁钻"的问题，不要逃避。能够提出足够"稀奇古怪"问题的学生，一般都是些比较"有思想"的孩子，他们很喜欢挑战新老师，并且在未得到答案前一般不会善罢甘休。所以，面对这类学生的提问，我们不能用逃避的办法，否则就会让他扰乱课堂，并且降低你作为老师的威信。

其次，放低姿态，放松神经。当学生问出这个问题时，你可能会被他幸灾乐祸，等着看你笑话的表情气得七窍生烟。可是这个时候，作为一名老师，你生气地去和他争论没有任何效果，反而扰乱了课堂。可行的办法是：冷静下来，放低姿态。不再把自己当成高高在上的老师，而是站到和这位学生平等的位置，看一看他是否真的在无理取闹？冷静下来细细想想，我们发现，受到商品社会金钱价值观的影响，孩子问出这样的话也是情有可原的。也许，对于这个孩子，这确实是一个一直存在于他心里的疑问，只是一直没有人能够解答他。

第三，试着去表扬他吧！——“哦，这真的是一个非常好的问题！可以看出来你是一个很有思想的学生！” 没有学生会抵制老师的表扬。不要小看这句表扬，他可以让那个准备论战的学生放松心情，也会让他另眼看待你这位新老师。因为他本来等待的是一顿批评或者逃避，没想到会得到肯定和表扬。而同时，老师也就转被动为主动，准备进行下一步。

最后，爱的教育。这是作为一位中小学对外汉语老师必须具备的品德和坚守的原则，也是在面对问题学生时最佳的良药。前面我们已经说过，在进行德育的时候，批评和指责，愤怒和逃避，都是无济于事的，只会让事情越来越糟。这里所谓的“爱”，是指教师对学生的爱。我们知道，只有当我们爱一个人，才会真正去关心他，从他的角度考虑问题，比如我们家人、伴侣、甚至我们的宠物。在这里也是一样的，作为一位老师，只有真正去爱学生，才能从他们的角度出发，从他们的视角出发，去权衡事情的对错和解决方法，去找到对学生最好的一条路，指引他们走出困惑。

具体到眼前这个问题，我们可以这样做。在表扬完那个学生后，请你直接转身，在黑板上写下一个字“心”。学生这个时候肯定会被搞糊涂了。然后，静静的扫视一下全班的学生，一句话也不要说，留时间让他们自己考虑一下。这个时候全班的视线应该都被集中到老师的身上。接着，你可以开始一个小小的演讲，但是，请记住，在你的演讲里，不要有任何责备批评刚才那位学生的内容，你只是在平心静气的和全班同学讨论一个问题。“没错，你们是消费者。”第一句话，请再次肯定一下那位学生的理论。接着话锋一转："但是，你们购买的不是东西，不是商品。"全班在这里会开始疑惑。"没错，我是服务者。"再次肯定。"但是，我的服务和一般的服务不一样。"再次疑惑。现在请你转身敲敲黑板上的字："心，我在用心给你们服务，我每天晚上用心地备课，希望第二天能够有一堂你们喜欢的汉语课，我每天用心在课堂上讲课，希望你们能学习到更多的知识，包括现在我也用心的在和你们交流。你们购买的是我用心准备的一份礼物，这里面没有谁听谁的，我只想和你们一起分享这份用心的礼物，难道不好吗？"

我相信，学生们听了老师这番话，是会心悦诚服的。只需几分钟，喧闹的课堂就会安静下来，你也可以开始上课啦！

希望我们的汉语教师们都能记住这一点：沟通，从"心"开始。

（祖文彬）

Q：77. 有让孩子们"动起来"的汉语教学方法吗？

A：许多教授小学低年级的汉语教师时常感叹教汉语"难"，尤其是在要求用汉语教汉语的情况下，老师既要考虑小学生对所教的内容能否顺利理解，又要考虑如何增强汉语学习的趣味性，以促进学生学习的积极性，同时也要考虑学习的实效性，避免出现学生在课堂中没有机会开口练习，课后开不了口等情况。

儿童最明显的特点就是活泼好动，坐不住，学习时精力集中时间比较短。同时，儿童的认知能力也处于发展的起始阶段，逻辑思维能力还没有发展起来，缺乏应有的知识和能力支持。

根据儿童的这些特点，是努力约束学生的行为，让他们像成人一样学习汉语呢，还是把儿童好动的特点与汉语的学习结合起来？有让孩子们“动起来”的汉语教学法吗？答案是肯定的——这种方法就是全身反应法。

全身反应法是美国心理学家阿舍尔在20世纪60年代初创立的，盛行于70年代。

“听指令—做动作”是全身反应法最显著的特征，即：教师先把教学内容设计成一系列指令式语言项目，然后请学生对这些项目用身体做出反应，比如，老师说“站起来，拍拍手！”，学生听懂后，马上一起做“站起来并拍手”的动作。

学生应通过身体对语言的反应动作来提高理解力。这种身体反应，应该由教师用有计划的指令来控制。学生根据教师的指令做出相应的动作，从而感知并理解掌握语言。

这样的方法强调听力理解领先。首先培养学生的听力理解能力，然后再要求学生用口语表达。允许学生在预先做好准备的情况下发言。教师不强迫学生开口。为了降低学生的紧张情绪，老师更多地是强调语言的意义而不是形式——意思说对就好，不总盯着学生的语法等错误。

由于汉语是重视语序与虚词的语言，对于相当多国家的儿童来说，要掌握好汉语是很不容易的。目前流行的交际教学法是以语言功能为纲，着重培养交际能力的教学法体系，但成人化的日常用语，如问路、购物、谈生意，又超出了儿童的交际范围和理解能力，儿童很难完全接受。而儿童汉语身体反应教学法是教师根据儿童爱动、注意力难以持久等心理特征，让孩子通过跑、跳、做游戏学习汉语，而不是规规矩矩地坐在凳子上听讲，这样课堂气氛活跃，儿童学习情绪主动，注意力比较持久。

要重视课堂用语的运用，它是培养儿童良好课堂学习习惯及语感的开端。课堂用语多为祈使句，阿舍尔认为：动词，尤其是祈使句中的动词，是语言中的中心内容，语言使用和语言学习都要围绕它展开。教师在第一次讲课时要边说边做，为响应老师的动作，学生一定会用眼睛盯着教师，几乎在看到动作的同时，也听到语言，头脑中图像与语言相结合，无需中文解释，便能理解词语。这样，既简化了课堂用语的讲解，又将儿童的注意力吸引到授课教师的身上，让他们做到眼、耳、脑并用，提高了听讲效果。例如：在课堂用语“站起来”的自然习得初期，教师如果单一地对学生说“请你站起来”，这个学生很有可能听不懂；但在此过程中伴以手势或示范动作，学生就很清楚了。久而久之，学生就自然而然地听懂了这句课堂用语。

游戏是儿童生活中的主要内容。全身反应教学法的优势是强调身体的互动性、教学的生动性，以便让孩子在游戏中更直观地学习。也可以更好地激发孩子对汉语学习的浓厚兴趣。因为兴趣是最好的老师，将兴趣与学习有机地结合，不仅调动了学习的动力，而且适合儿童的学习状态。

比如在教“找找找，找朋友，找到一个好朋友，敬个礼，握握手，你是我的好朋友”这首儿歌时，可以一边做“找朋友”这个充满动作的游戏，大家一起唱歌，最后拿着手帕的学生把手帕偷偷放在某个同学背后，在他不知情时绕一圈后再抓住他，由这个同学拿着手帕再重复游戏，知道大家都会唱这首歌，并弄懂了歌词的意义……这样的游戏让学生兴趣盎然。这类学习歌曲的方法有助于在欢乐、轻松的气氛中培养儿童的汉语意识和汉语思维。

全身反应教学法的教学程序安排大致如下：

1．示范。教师清楚地发出语言指令（或语言信息），并配以动作辅助说明，学生静听理解其意，为反应做好准备，称之为静听。

2．教师发令，让学生做出动作反应，吸收语言知识，把语言和动作试着联系起来，称之为模仿“动”听。

3．让部分学生发令，另一部分学生做出动作，直到所有的学生都可以边说边做动作。儿童对听到的语言材料不断潜意识地吸收、内化，形成语感，自然开口说话，并以动作反馈、强化，做出全身反应。

（张宁志）

Q：78. 如何在中小学对外汉语教学中开展小组合作教学？

A：小组合作教学是对外汉语教学课堂中常见的一种组织形式，它是通过讨论、问答、交流等活动在师生之间、生生之间分享教学信息。小组合作的优势很多，比如：有利于提供更多的可理解输入；为学生提供运用语言的机会，利于提高学习者语言表达的流利度，逐步提高会话质量；尊重学习者个性，降低学习者的学习焦虑，增强信心，满足自尊，激发学习外语的动力；有利于培养学生的合作意识和运用语言进行交际的能力。

基于以上优势，小组合作教学越来越受重视，中小学生也非常喜欢这种形式，教师们也越来越多地开始在课堂教学中进行小组合作教学，那么如何有效地在中小学对外汉语教学中进行小组合作教学呢？

一、小组合作教学的程序

1．准备工作

活动前的准备工作至关重要，大致可分为：说明小组活动内容与规则、分组、示范三个环节。教师首先要明确要练习的语言项目，在此基础上设计好活动的内容、细节、评估方法，在充分了解学生个性的基础上进行科学、人性化的分组，以保证小组合作的顺利进行。比如：在分组的过程中，尽量体现多元文化，在一个小组中有韩国学生也有美国学生，而不是把相同国籍的学生安排在一组。同时，也要关注学生的性格特点，小组成员的性格也应多样化，如果小组中都是内向沉默不语的学生，那么活动将很难进行下去，而变得枯燥无味。在活动正式开始之前，最好教师能和几个学生先给全班示范一下。

2．学生小组合作

学生小组合作开始后，教师并不是就可以放手不管了，此时，教师充当一个观察者和指导者的角色。在活动的进行过程中，教师可以观察学生分组合作的效果，下次活动就可以积极调整。学生在活动中可能会出现一些错误的语言表达，教师应及时地指导。

3．总结评估

学生小组合作活动结束后，一定要总结评估。有效的评估会让学生明确地了解自己对语言项目的掌握及运用情况，提高学生运用语言的兴趣，促进语言学习。因此设计评估方法是非常重要的，这个工作需要教师在设计活动时就要完成。关于评估，不是简单地给学生一个A、B、C、D这样的等级，我们建议教师运用形成性评估方法，即在评估中能够体现学生的学习过程，能够针对具体学生进行细节的点评。在教学中，我们一般运用互评、自评、教师点评等形式。如大型或复杂的小组活动，教师可以形成一份评估报告。

二、小组合作实例

以下表格展示了一次小组合作活动的完整程序：

1．说明任务	做通讯录
2．说明语言项目	你住在哪儿，电话号码
3．分组，分工	三/四人一组，组长，分工
4．说明检查方式	黑板上填写表格

（续表）

5．示范	教师问，学生答、写
6．设定时间	10分钟
7．学生活动	学生互相调查、设计表格、填写。教师帮助
8．汇报结果	展示、讲解
9．评价	自评、互评、教师点评

三、中小学汉语课堂小组合作教学中的常见问题及解决方法

1．学生没有兴趣，活动中不主动。

中小学生没有很强的控制力，对语言学习的重要性认识不够。我们建议教师基于中小学生的心理特点，设计更有趣味性的活动或游戏。比如在上面的实例中，我们可以请一些学生喜欢的老师或者请一些学生不认识的人参加，也可以加入比赛的元素，适当地进行奖励（发糖果、罚唱歌、跳舞等）。

例如，在学习生词时，教师把生词做成卡片，把学生分为几个组。每个组4个人左右，第一个学生认读，并做动作告诉第二个人，依次往下传递动作，最后一个人猜。在规定的时间内猜得最多的组获胜。这个猜词游戏有趣味性，学生非常喜欢，每个学生觉得自己是集体的一分子，都为最后的成绩贡献自己最大的力量，孩子们会很兴奋，注意力高度集中，生词学习的效果很好。

2．学生有时会使用自己的母语参加讨论。

在分组环节，教师应该尽量不要把相同国籍、相同背景文化的学生分到一起，教师在活动的过程中加强监督力度，并把母语使用频率放到评估中。

3．小组活动会增加控制课堂组织、教学进程的难度。

教师应该给学生灌输时间观念，在准备过程中一定强调活动时间，并醒目地写在黑板上。在评估环节，时间运用也要作为一个重

要的评估标准。教师监督和指导也很重要。

4. 有些较独立的学生不喜欢小组活动。

教师尽量增加活动的趣味性。如果有不喜欢参加活动的学生，可以根据他的个性，在分组、活动内容上进行微调。在上述实例中，教师可以把他安排在一个较为活跃的小组中，让活跃的学生带动他，或让他作为一个被采访者，回答问题。教师也可以和他进行对话。

5. 随机教育，因势利导。

有的学生对学习没有兴趣，上课时可能会做一些其他事情，甚至影响到整个课堂的教学，这时，教师要沉着冷静，尽可能地利用当时的环境及孩子的特点，把不利因素转化为对教学有利的因素，这就是所谓的随机教育和因势利导。

笔者在教学过程中碰到这样一个案例：有一个西方男孩，性格开放，个性外向，喜欢西方流行音乐，爱表现。他非常不喜欢学习汉语，经常站在讲台上跳舞，或者大声唱歌，严重影响了教学。教师是改变不了他的性格的，于是夸奖他唱得很好，同时给他一个任务，用课文中的句子来唱他喜欢的曲子。这个男孩非常高兴，立即安静下来去读课文中的句子，并背下来，最后表演给大家看，同学们的掌声给了他更多自信和认可。通过这次事件，之后的汉语课，他开始接受汉语，并参与大家的活动，和教师的距离也拉近了，慢慢地走上汉语学习的正轨。

总之，在小组合作活动中，教师要根据中小学生的特点和具体学生的个性，精心设计小组活动的每一个环节，在活动结束后，要积极进行总结。我们相信，小组合作教学将会在中小学对外汉语教学中起到更加积极的作用。

（简丽）

Q：79. 怎样用语言游戏激发中小学生的学习兴趣？

A：基于儿童和成人在第二语言习得方面的区别，在对中小学生进行对外汉语教学时，我们建议适当加入游戏的成分，以激发学生的学习兴趣。

一、为什么要加入游戏成分？

在对中小学生进行语言教学的时候，我们有的时候无法考虑进度的问题，因为对于他们来说，兴趣才是最重要的。对于他们不感兴趣的事情，他们不可能真正学进去，而一旦你调动起来了他们的兴趣，他们的吸收力会是成人的好几倍。在中小学对外汉语的教学中，调动学生学习兴趣的一个重要方法就是——让他们动起来！儿童的自控能力比较差，集中注意力的时间也相对较短，我们不能让他们死坐在那里听讲，有的时候只是让他们动动嘴也是没有效果的，因此我们建议，使用加入游戏的方法，让孩子动起来，同时达到语言学习的目的。

二、设计什么样的游戏？

在给中小学生设计游戏的时候，有两个很重要的原则：一是一定要有身体的活动，二是要加入竞赛机制。比如在进行词汇教学时，我们一般都会使用卡片，那么只是教师在前面举出来，学生坐在下面读。怎么让学生动起来呢？我们建议可以采用“站起来”的方法，学生分为两大组，教师提前准备好两套相同内容的卡片，分别发给两组学生，最后要求每个学生有2—3张，两组学生分别有相同的卡片。游戏的规则要提前给学生讲解清楚。要求教师说出一个词，比如“手机”，手里拿有这个卡片的2个学生就要快速站起来，手拿卡片，同时大声说出这个词“手机”。谁站起来最快，且发音正确，就能为自己的小组加上一分。最后加分最多的小组获胜。

那么从这个游戏中，我们既达到了让学生动起来的目的，竞赛机制又可以充分调动学生的积极性，同时还锻炼了孩子的快速反应能力，当然最重要的是，让他们记住了这些词语。在游戏结束后，教师可以进一步进行强化，要求学生走到讲台前送回卡片，同时读出那个词语，可以进一步检测学生课堂学习的效率并适当给发音错误的学生进行纠正。

三、如何分配游戏的时间？

在进行游戏教学的时候，教师要注意分配好时间，我们一般建议采用1 ：1 ：1的时间分配原则：讲解、游戏、讲解。游戏一般占课堂时间的三分之一。

四、如何设计游戏？

很多中小学老师都会有这样的困惑，下面我们提供几个收集游戏的资源和方法。

首先，我们可以利用网络搜索一些课堂游戏的资料，在这里我们尤其建议从中小学英语教学中借鉴他们的游戏和资源，变通一下利用到我们的对外汉语教学中。其次，作为教师本身，要注意平时灵活地积累。比如，从电视娱乐节目中，有很多可以借鉴的游戏材料。“快乐大本营”最初经常使用的一个传话游戏，就被很多中小学对外汉语老师利用到课堂中来。但是，要注意的是，平时积累的一些游戏活动不一定适合你的课堂，因此，一定要注意针对你的学生进行适当的调整，使其最终变化为最适合你的课堂的游戏活动。

五、进行游戏教学时需要注意什么？

首先，教师在进行游戏教学时，最头疼的就是纪律问题。我们的建议是：适度控制，不失轻松。游戏教学的目的是为了激发学生学习的兴趣，但是中小学生的自控能力比较差，教师经常发现，一旦气氛起来了，班级整体的纪律也松散下来，很不容易把学生收回来。那么这个时候，我们建议，教师在整堂课的安排上，要进行

"松紧搭配"，使用在教学环节中动静结合的方法来控制课堂。

我们建议的教学过程：

导入课堂——讲解——游戏调动——机械操练——总结

（动）　（静）　（动）　（静）　（静/动）

总之，一个45—50分钟的课堂，介入一个游戏环节足矣。因此，巧妙地在中小学对外汉语课堂中加入游戏的环节，不仅可以调动学生的兴趣，活跃课堂气氛，更可以达到加强学习效果，变被动学习为主动学习，变枯燥的学习为快乐的学习的作用！最重要的原则是：这样的课堂需要在教师的调动下，让学生自发的动起来，变成一个互动的快乐汉语课堂！

（祖文彬）

Q：80. 怎样帮助儿童学习和巩固汉字？

A：汉字难认难记难写在世界上是出了名的，在儿童，尤其是非汉字文化圈的儿童眼中，汉字往积极方面说是一幅幅的画儿，往消极方面说，简直就是"堆在一起的一团团乱麻"。

学习汉字有很多不同的阶段，包括：辨认、朗读、书写。刚开始时，最好只对外国学生强调前两个阶段的要求，做到能读能认，会正确使用。千万不要在学生刚开始识字时，就要求孩子大量抄写汉字，因为一是枯燥的抄写过程不仅不能提高他们学汉字的兴趣，往往还会削弱他们书写汉字的积极性。同时，由于低龄段学生的手部肌肉还没完全发展协调完善，大量抄写简直就是"服苦役"，写出来的汉字未必如他们所愿那样工整，久而久之，孩子就对学汉字失去了兴趣。

老师可以在每堂课留5分钟做识字游戏，活动时，把选好的汉字写在卡片上，所选的汉字可以是这堂课刚学的，也可以是以前学过的。让学生自己读出卡片上的字，如果时间允许，还可以让学生把这个字运用到一个句子里（造句）。

孩子的语言、文字发展能力与阅读经验息息相关，阅读的材料不限，可以有故事、歌谣、诗等。根据不同的阅读能力，要求的阅读量也不同。但要保证阅读时间。在学校时，每周安排一次阅读课，在幼儿班和一二年级的阅读课上，师生可以共同阅读字体大、画面大的“大书”，老师在展示大书的同时，要求学生观察分析大书的画面，引导学生逐页分析画面。例如：

老师：这是在什么地方？

学生：这是在家里，因为有床、电视、沙发。

老师：这个人在干什么？

学生：他在穿衣服。他穿红色的衣服。

（其间，老师可以帮助学生丰富词汇：红色的运动服。）

师生共同阅读完大书后，老师鼓励学生自由阅读同样内容的小书。学生在读时，要用食指指着所读的文字，对号入座地指读小书文字。

对于年龄稍大一点的学生，老师可以给每位学生准备一个阅读记录本。在阅读课上，老师根据学生水平推荐阅读书籍，并写上日期和要求。首先要学生读给老师听，遇到不认识的汉字，就让学生先回到课文中去找，然后再根据上下文理解意思。不要告诉学生这是什么字，要让他们自己去学习，这样才会印象深刻。

可以把课堂上阅读和朗读过的材料留为作业，让孩子们回家后复读，读后请让家长签字；等到下一周回来还书时，再检查一遍，看学生是否认识了新单词，是否朗读流利了，是否理解了书里的内容。对于家长要求高一些的学生，老师可以每天安排15分钟左右的读书时间，可以要求他们跟着磁带读课本，每天重复读，下一周是读过的单元和一个新的单元，这样以旧带新，孩子们对课文就不是一般的熟悉了，在提高语言能力的同时，对汉字的认读能力也渐渐增强了。

在儿童阅读的过程中，有一个有趣的现象：幼儿虽然不识字，但知道“故事”在文字里。所以一定要为学生选择好相对应的画面内容，引导学生理解图画所表达的故事。在图画中去寻找文字的对应物，比如说，刚学了颜色和衣服，那么介绍学生读课外书时，找出图片中“绿色的袜子”，再次强化汉字记忆。寻找图文对应，这其实是许多孩子阅读图书的一种乐趣。如果图画和文字不对应时，他们就会感到困惑，甚至会影响他们的理解，因为幼儿理解图画故事的一个重要特点就是依靠画面信息的支持。这种现象尤其在低龄段学生中体现得最为明显。从图画中寻找理解文字的线索，从文字中寻找理解图画的线索。对于水平较高的学生，则主要阅读汉字。

在一个单元，或者一个话题结束后，老师可以要求学生在电脑上把所学的汉字打出来。

研究表明，用不同的方法，重复7—8次以上，才能成为学生的长期记忆。所以识字是需要不断重复的，不能操之过急，不认识也不要勉强，不要责怪。每个人的识字及学习能力不同，学习字词的数量及速度也不相同。积极态度往往能激励学生；消极态度则容易使学生产生抵制情绪。不要一味死读硬记，多用孩子喜欢的方式、游戏练习。

在做这些练习时，不需要一次完成，贪多嚼不烂，孩子会因为练习时间太长、内容太多而失去兴趣。在不断重复“记忆——理解——运用”的过程中，学生就会积少成多，不断地积累才会有收获。

在学生刚开始接触汉字时，老师应该强调：必须按照笔画顺序书写汉字。只有按照笔画顺序写，才不会缺点少捺，才会写出快捷流畅的汉字。

学生初学写汉字时往往感觉无从下手，常常依葫芦画瓢，乱画一气。一开始学习汉字时，老师可以将九种基本笔画打出来，配上拼音和笔画名称，贴在教室里，增强视觉感受，要学生在以后的学习中按笔顺规则书写。

对于低龄段的儿童，我们不妨有趣、热闹一点，利用小朋友喜欢中国功夫的特点，教授学生一套“笔顺功夫拳”来辅助学生记忆。让学生记住汉字的书写是“先横后竖，先左后右，先上后下，先中间后两边”。

然后，老师给每个学生起个中文名字，把他们的名字先以空体字打出来，过塑后，再让学生按照笔顺规则，把他们的中文名字填出来。学生们一般都会饶有兴趣地填写自己的中文名字，以至于到最后，不知不觉就能写自己的名字了。

在以后的教学中，老师可以在教每一个汉字时，都让学生自己用手在空中比画，一边比画一边说“横、竖、撇、捺——木”，这样，久而久之就形成了正确的笔画书写习惯。

（李萌）

Q：81. 如何进行文化专题课教学？

A：文化专题课教学是语言学习中必不可少的，也是一项非常有意思、有意义的学习内容。在教学中，老师可以让孩子通过听、说、玩、演、动手做等活动，在学习汉语的同时，来认识某一种文化现象的由来、风俗习惯，以及相关的各种文化知识。

那么，老师应该从哪几个方面来设计教学内容，准备教学工作呢？我们以“节庆”为例，简单加以说明。

教学进程基本可以归纳成以下几个步骤：

一、针对节庆的由来及相关活动，老师先做个大致的介绍说明，让学生对节庆内涵有基本的认识。老师可以找一些图片、网站，或者光碟来演示传统节日的由来，如果有中英文对照的语言材料，往往可以帮助学生更深入地了解这些传统节日的文化背景。看完光碟后，老师再针对故事内容，设计几个问题，让学生记住几个关键词，为接下来的活动做铺垫。

二、在了解了节日的文化背景后，老师可以带领学生制作相关装饰品，教学生自己动手布置，在教室里营造出过节的气氛。这样，在感受节日的同时，老师可以带孩子们在自己营造的情境中学习汉语字词。比如为迎接龙年，可以用收集来的面巾纸盒、饼干盒，甚至快餐包装袋，制作出一条活泼有趣的龙，吊在教室里，这样就可以让学生颇有成就感。

三、因为之前已经看过了有关节日的影片，所以在一切装饰物陈列就绪后，老师可以通过所陈列的图片、装饰品等来带读字卡，或者设计字卡配对游戏，让孩子联系图像或实物来学字词。字词掌握后，可以介绍几个相关的、实用的句型。引导学生利用这些句型，把有关的词语填充进去并不断扩展替换，这样可以扩展字词，帮助学生建立字词库。

四、认识节庆，不可缺少的还有学习节庆歌曲。因此在有了相关字词和句型的基础上，老师可以根据学生水平，教授一两首与节庆相关的歌谣或歌曲，好记易背，朗朗上口。

五、对于水平稍高一点的学生，我们可以介绍一个与节庆相关的故事，并将故事改编成孩子可以演说的剧本。剧本的创作、改编，可以充分地调动学生的热情和创造力。有位老师在一次关于春节的教学后，给学生介绍了十二生肖的故事，并将这个故事改编成了剧本。在剧本里，老师加入了一些现代元素，非常吸引学生，并且安排每个动物只有一两句台词和简单的舞台动作。但出乎老师意料的是，这些台词和动作对于非常愿意表现自己的外国学生来说，根本不够！于是，有学生问："老师，我可不可以再加一点儿话？"或者要求加动作。老师给他们的答复是：你们必须完全掌握了剧本上的台词后，才可以添加新的词汇。于是，这些孩子回去后拼命读和练；更有勤奋的学生，回去后将整个剧本标注出拼音！在充分了解剧情后，他们为自己设计了惟妙惟肖的动作。演出的效果是非常成功的，学生不仅充分了解了传统故事，还大量地扩展了词汇，提高了汉语表达能力。

需要注意的是，表演前老师一定要让学生充分了解故事内容，方便孩子参与故事的演出。如果有时间的话，老师也可以带孩子一起听CD，学习正确的发音、语调及声音表情。

中国传统节日的教学活动，当然主要是介绍中国文化，但也要注意与学生所在国的文化进行对比。

在对少年儿童进行节庆教学的准备工作中，我们需要注意课程安排、单元设计要尽量从简到繁，由浅入深，循序渐进，然后根据年级、水平，逐步提升。

例如：同样是关于春节的教学活动，对于幼儿班的孩子，讲完了故事后，老师可以只给三个词组：过年、包饺子、压岁钱（红包）；

对于一、二年级的学生，讲完故事后，老师可以教两首浅显易懂的歌谣和歌曲，还可以加上一些动作；

对于三年级以上的小学生，老师可以给学生们猜灯谜（可以中英文均有），拓展相关故事、习俗。

在活动设计上，大家都要学包饺子。所不同的是，幼儿班是用橡皮泥包，而其他班则是包真正的饺子。

还有手工剪纸、剪窗花、写对联，等等。

总之，尽量让文化教学活动更生动、活泼、贴近孩童的性格，使多元化的教学让孩子寓教于乐，边玩边学，融会贯通所学过的知识，达到学以致用的目的。

（李萌）

后记

编完这本《国际汉语教师手册》，首先要感谢商务印书馆和责编储丹丹女士给了我们一次很好的机会，使我们可以静下心来，认真总结一下教学中的经验、教训。本书的作者都是在汉语教学的岗位上工作了多年的一线教师，尽管我们有的来自大学有的来自中学和国际学校，但都迫切需要这样一个总结、提高的过程。我们也希望大家能分享我们在汉语教学中体验到的快乐和经验，更希望我们的经验和认识对大家的工作有所助益。

我们还要感谢刘珣教授在百忙之中审阅了本书的全部书稿，并撰写了序言。刘珣教授的评价不仅仅是对我们的肯定，更是对我们的鞭策。

由于我们认识水平的局限，本书包含的问题还不够全面，作为一本手册还略显单薄，我们希望这只是一个开始，希望今后有更多的人关注国际汉语教学，有更多更好的手册面世。

编写这样的一本手册，对我们来说还是第一次的尝试，疏漏和不当之处在所难免，敬希谅解。

编　者

2011年1月

（本书得到北京市教育委员会共建项目专项资助）

图书在版编目(CIP)数据

国际汉语教师手册 ：新教师必备 81 问/张宁志主编．—北京：商务印书馆，2012（2017．8 重印）
ISBN 978 - 7 - 100 - 08905 - 0

Ⅰ．①国…　Ⅱ．①张…　Ⅲ．①汉语—对外汉语教学—师资培训—手册　Ⅳ．①H195．3 - 62

中国版本图书 CIP 数据核字(2012)第 020275 号

国际汉语教师手册——新教师必备 81 问

张宁志　主编

商　务　印　书　馆　出　版

（北京王府井大街36号　邮政编码 100710）

商　务　印　书　馆　发　行

北　京　冠　中　印　刷　厂　印　刷

ISBN 978 - 7 - 100 - 08905 - 0

2012 年 3 月第 1 版　　开本 787 × 960　1/16

2017 年 8 月北京第 2 次印刷　　印张 16

定价：36.00 元